Wolf-Andreas Liebert

GRASWURZELGLAUBE

Wolf-Andreas Liebert

GRAS WURZEL GLAUBE

Über neue Formen des Religiösen und ihre Bedeutung für die Gesellschaft

Aus Gründen der leichteren Lesbarkeit konnte eine gendergerechte Schreibweise nicht durchgängig eingehalten werden. Bei der Verwendung entsprechender geschlechtsspezifischer Begriffe sind im Sinne der Gleichbehandlung jedoch ausdrücklich alle Geschlechter angesprochen.

Penguin Random House Verlagsgruppe FSC® N001967

in der Penguin Random House Verlagsgruppe GmbH,
Neumarkter Str. 28, 81673 München
Umschlaggestaltung: zero-media.net, München
Umschlagmotiv: FinePic®, München
Innenteilabbildungen: Wolf-Andreas Liebert
Satz: Satzwerk Huber, Germering
Druck und Bindung: GGP Media GmbH, Pößneck
Printed in Germany
ISBN 978-3-466-37323-9

www.koesel.de

Inhalt

Vorwort

Religiosität und Spiritualität sind seit Jahrtausenden aufs Engste mit dem Leben der Menschen auf der ganzen Welt verknüpft. Doch gegenwärtig scheint das Verhältnis des Menschen zur Spiritualität sehr widersprüchlich geworden zu sein: Auf der einen Seite kann man sich fragen, ob denn Glaube überhaupt noch eine Zukunft hat, wenn doch so viele Menschen aus den Kirchen austreten, die Zahl der Konfessionslosen steigt und die naturwissenschaftlichen Grenzen für alles Religiöse unüberwindbar scheinen. Auf der anderen Seite sehen wir in vielen Bereichen, dass Religiosität nicht verschwunden ist, sondern sich ganz unscheinbar dort zeigt, wo wir zunächst gar nicht an Religion denken. Kennen Sie nicht auch zumindest eine Person, die Yoga praktiziert, meditiert oder versucht, im Leben »achtsam« zu sein? Die Heilsteine bei sich zu Hause liegen hat oder Tarot-Karten legt? Oder die mit leuchtenden Augen erzählt, wie sie sich mit der Natur, den Tieren und Pflanzen und allem, was sie umgibt, verbunden und auf diese Weise getragen fühlt? Oder die mit allen kirchlichen und religiösen Traditionen gebrochen hat, aber der es ein Bedürfnis ist, ihr Kind taufen zu lassen? Diese spirituellen Pflänzchen finden wie Graswurzeln immer wieder ihre Wege, um wachsen zu können. Dieses offenbar alle Zeiten überdauernde, grundlegende Hingezogensein des Menschen zur Spiritualität nenne ich deshalb »Graswurzelglaube« – und davon handelt dieses Buch.

Warum ist das so? Dieser Frage gehe ich in den ersten beiden Kapiteln ausführlich nach. Es geht im Kern darum, dass Menschen aufgrund ihrer Fähigkeit zur Selbstreflexion zwei sehr unterschiedliche Erfahrungen machen können: Zum einen die Erfahrung von Einsamkeit, Unbedeutendheit und Isolation und zum anderen die Erfahrung von Eingebundenheit in etwas Größeres, Sinngebendes, das die eigene Person übersteigt. Aus diesen beiden menschlichen Grunderfahrungen erwächst bei vielen eine fortwährende Sehnsucht und Suche nach dem Eingebundensein und Aufgehobensein. Diese Sehnsucht kommt bei verschiedenen Menschen mehr oder weniger stark zum Ausdruck und kann durch ganz Unterschiedliches gestillt werden: Für die einen ist es die wöchentliche Yogastunde, die gelegentliche Meditation, der jährliche Weihnachtsgottesdienst oder das einmalige Gebet in persönlicher Not. Für die anderen ist es intensive, tägliche spirituelle Praxis, um zu »erwachen« oder »erleuchtet« zu werden. Im Kapitel »Die Sache mit der Erleuchtung« werde ich auf diese Jahrtausende alte Vorstellung näher eingehen.

Im Kapitel »Erwachen in der spirituellen Szene« zeigt sich dann am Beispiel von Eckhart Tolle, dass die Suche nach einem »Erwachen« auch den Kern der spirituellen Szene der Gegenwart ausmacht. Dabei gehört Eckhart Tolle keiner bestimmten, traditionellen Religion an. Er ist ein sehr erfolgreicher Buchautor und spiritueller Lehrer, der Tausende von Menschen begeistert.

Aber aus Religion entsteht auch viel Unheil, Religionen sind Anlass für Krieg und Gewalt. Man könnte über die Gewalt im Namen des Wahren, Guten und Barmherzigen verzweifeln und sich für das Ende aller religiösen Vorstellungen, Ideen und Einrichtungen einsetzen. Das wäre der Kampf im Namen des Atheismus und des Humanismus. Doch die religiös-spirituellen Graswurzeln scheinen unverwüstlich zu sein, wir können sie nicht ausrotten, sondern müssen mit ihnen leben und lernen, was und wie sie Gutes bewirken können. Offenbar hat jeder eine Art »spirituelle Empfangsstation«, doch sind die Frequenzen, auf denen gesendet und empfangen wird, verschieden. Und niemand ist gezwungen, irgendeine dieser Frequenzen oder auch nur die Empfangsstation zu nutzen. Aber egal, ob und wie wir diese nun aktivieren: Ob dabei etwas Gutes herauskommt, das steht auf einem anderen Blatt. Im Kapitel »Gefährliche Liebschaften: Politik und Religion« möchte ich dies beispielhaft zeigen. Es ist also nicht alles schön und friedfertig, was aus den Graswurzeln entsteht, und es ist nicht immer leicht zu wissen, auf welchen Wegen oder Abwegen man sich selbst gerade befindet.

Schließlich soll es auch um den Gegensatz von Religiosität und Spiritualität auf der einen Seite und Atheismus und Rationalität auf der anderen Seite gehen. Es handelt sich anscheinend um zwei unvereinbare Lebensentwürfe. Sie stehen einander wie zwei fremde Pole gegenüber: entweder – oder. Doch zwischen Polen spannt sich immer auch ein Spektrum auf. Und wenn wir von einem Spektrum ausgehen, dann müssen wir uns gar nicht für einen der beiden Pole entscheiden, sondern können unseren Platz im Spektrum suchen und finden. In diesem Buch will ich daher auch zeigen, dass sich ein Bedürfnis nach spiritueller Eingebundenheit und atheistischer Religionskritik nicht ausschließen. Dann müssen wir nicht mehr den Atheismus und die Wissenschaften gegen die Religion und das Spirituelle verteidigen oder umgekehrt, sondern können entdecken, welchen Platz beides in unserem Leben einnehmen kann.

So lade ich Sie ein, mit mir dieses unübersichtliche, wild bewachsene Gebiet neuer religiöser Strömungen zu erkunden und die ganz unterschiedlichen Zugänge wertschätzen zu lernen. Dabei werden einige Ansätze ausführlicher zur Sprache kommen als andere, denn mir geht es nicht darum, Religionen und religiöse Phänomene systematisch und vollständig zu beschreiben, sondern die Grundfragen der menschlichen Spiritualität und Religiosität zu stellen, und zwar in all ihrer Widersprüchlichkeit, in der sie sich in unserer Gegenwart zeigen.

1 Totgesagte leben länger

»Tja, der Gott, an den du nicht glaubst, ist sagenhaft gut zu mir gewesen.«

Dolly Parton[1]

Ist die Religion nicht einfach tot? Es vergeht doch kein Monat, in der wir nicht wieder von einer neuen Welle von Kirchenaustritten lesen. Und die Wissenschaften scheinen dies zu bestätigen, indem sie von einer zunehmenden Säkularisierung[2] und dem Bedeutungsverlust der Religion in unserer Gegenwart ausgehen. Aber ist das wirklich so? Erscheint es uns vielleicht nur so, weil wir aus einer europäischen Sichtweise darauf blicken?

Schauen wir zunächst, wie die These einer immer weiter um sich greifenden Säkularisierung so einflussreich geworden ist.

Ein wesentlicher Faktor dafür war eine Reihe einflussreicher Denker, die den Untergang der Religion zugunsten einer säkularen Lebensweise behauptet und befürwortet haben. Für Karl Marx etwa war Religion das »Opium des Volkes«, eine Droge, mit der man sich Traumwelten vorgaukelte, um das Elend der Arbeitswelt aushalten zu können. Für Sigmund Freud war religiöses Erleben lediglich eine nicht bewusste, sehr frühe Kindheitserinnerung. Damit war Religion für ihn lediglich eine »Illusion«. Für den Soziologen Max Weber (1864–1920) führten Rationalisierung und Verwissenschaftlichung zu einem kollektiven Glauben an eine totale wissenschaftliche Erklärbarkeit der Welt, in der durch bloße Berechnung alles bis in die letzten Winkel menschlicher Regungen kontrolliert werden kann und jegliches magische oder religiöse Denken dadurch ausgeschlossen ist. Er nannte dies »Die Entzauberung der Welt«. Und schließlich gab Friedrich Nietzsche Gott selbst den Todesstoß: »Gott ist tot«, so lautet sein bekanntester und auch heute noch meist zitierter Satz. Aus diesem Denken entstand im 19. und 20. Jahrhundert etwas Neues: ein *programmatischer Atheismus*.

Natürlich gab es atheistische und verwandte Denkansätze schon viel früher, zum Beispiel bei den sogenannten »Skeptikern« in der Antike.[3] Neu beim modernen Atheismus war nun jedoch die *Programmatik*, die mit aller Härte des wissenschaftlich geschulten Verstandes zeigen wollte, dass Religion in grundsätzlicher Weise belanglos, überholt und sogar von Übel ist und – wenn sie nicht von allein verschwindet – abgeschafft werden *muss*.

Dieser programmatische Atheismus hat sich mit dem wissenschaftlichen Denken und der Aufklärung verbunden, sodass diese heute wie untrennbar zusammengehörig wirken. Ein einflussreicher Protagonist dieses programmatischen Atheismus im 20. Jahrhundert war der Nobelpreisträger Bertrand Russell. Sein berühmter Vortrag aus dem Jahr 1927 »Warum ich kein Christ bin« muss damals für viele ein Weckruf gewesen sein:

> »Die ganze Gottesvorstellung ist eine aus den alten orientalischen Despotien abgeleitete Anschauung. Es ist eine für einen freien Menschen völlig unwürdige Haltung. Wenn Sie hören, wie die Leute in der Kirche sich selbst erniedrigen und sagen, sie seien elende Sünder und das ganze andere Zeug,

dann ist das einfach nur beschämend und eines Menschen, der sich selbst achtet, nicht würdig.«[4]

Drastische Worte, doch sprach Russell damit vielen Menschen aus der Seele, die sich selbst nun als Vertreter der Moderne auf der Seite der Zukunft wahrnahmen und die Religion im 20. Jahrhundert nur noch als vormoderne Schlacke eines ausgebrannten Christentums ansahen, die nach und nach vertrocknete. Die Säkularisierungsthese war der Ausdruck dieser humanistischen Fortschrittsutopie. Das Christentum wurde dabei – aus heutiger Sicht undenkbar – mit Religion insgesamt gleichgesetzt.

Die Annahme, dass die Religion in der Moderne keine Rolle mehr spielt, ist mittlerweile in der Wissenschaft sehr umstritten. Es hat sich vieles ereignet, was ihr eklatant widerspricht. Seit einiger Zeit denkt man deshalb darüber nach, ob dem Religiösen nicht doch mehr Bedeutung zukommt, als noch vor wenigen Jahrzehnten prophezeit. Und spätestens seit den Anschlägen vom 11. September 2001 durch die islamistische Terrorgruppe al-Qaida ist klar: Religion, in ihrer schlimmsten Ausprägung als politisch-religiöser Fundamentalismus und Fanatismus, ist wieder auf der Weltbühne präsent und wird auch nicht so schnell verschwinden. Für den Philosophen Jürgen Habermas ist klar, dass uns das in eine »postsäkulare Gesellschaft« katapultiert hat, in der wir das Verhältnis von Religion und Wissenschaft neu definieren müssen – auch wenn der Bedeutungsverlust der traditionellen christlichen Kirchen und die zunehmende Zahl von Menschen ohne Konfession in Europa unbestrittene Tatsachen sind.[5]

Zugleich wandelt sich auch die religiöse Kultur: Einerseits erhalten fundamentalistische Religionen aller Art weltweit Zulauf und nehmen starken Einfluss auf die Politik. Vielleicht denkt man hier zuerst an Theokratien wie die Islamischen Republiken Iran oder Pakistan, also Gottesstaaten, in denen Staat und Religion eine Einheit bilden, doch zeigen sich solche Tendenzen auch in demokratisch und wissenschaftlich geprägten Ländern wie Indien oder den Vereinigten Staaten.

In den Vereinigten Staaten hatte beispielsweise der ehemalige und jetzt wieder zur Wahl stehende US-Präsident Donald Trump einen religiösen Beraterstab einberufen, zu dem auch der radikale Evangelikale John Hagee zählte. Seine Tele-Gottesdienste bestehen aus einer professionell gemachten Mischung aus Lebensberatung, Heilungsritual und politischem Aktivismus. Bekannt wurde Hagee, als er Homosexuelle aus New Orleans für den Hurrikan Katrina, der die Stadt besonders hart traf, verantwortlich machte. Diese größte Naturkatastrophe in der Geschichte der Vereinigten Staaten bezeichnete er als Strafe Gottes für deren Homosexualität. Ebenso dankte John Hagee in einer irrwitzigen Logik Gott dafür, dass er Hitler erschaffen habe, denn das habe dazu geführt, dass der Staat Israel entstehen konnte, und dies sei die notwendige Voraussetzung, damit dann dort der seit zweitausend Jahren angekündigte Messias erscheinen könne. Dadurch würden dann auch alle dort lebenden Juden und Jüdinnen auf einen Schlag zum Christentum bekehrt.[6] Zum »republikanischen Hauspastor« aufgestiegen, war er eine Zeit lang weniger gefragt, bis ihn die republikanische Trump-Herausforderin, die ehemalige Gouverneurin von South-Carolina und UN-Botschafterin Nikki Haley in den Präsidentschaftswahlkampf 2024 einband.

Andererseits entstehen neue, vielfältige Formen von Religiosität, die sich selbst gar nicht als religiös bezeichnen, aber viele Merkmale von religiösem Leben tragen. Manchmal nennen sie sich spirituell, manchmal geben sie sich aber auch keine bestimmte Bezeichnung. Beispiele finden sich überall im Alltag: Sie brauchen nur die Tageszeitung aufzuschlagen und können dort lesen, dass Fritz Wepper in seinem schwarzen Meditationskimono und seiner Mala begraben werden wollte, da dies »Symbole des Loslassens« seien. Eine Mala ist eine buddhistische Handkette, um die Anzahl der Mantren zu zählen ähnlich wie ein christlicher Rosenkranz. In der Spalte daneben sinniert Jimi Blue Ochsenknecht über höhere Mächte und Karma:

> »Er wisse zwar nicht, ob man diesen Zustand ›religiös‹ nennen sollte. ›Aber ich glaube auf jeden Fall an etwas‹, sagte Ochsenknecht. Auch daran, dass es ›etwas Höheres‹ gebe, das uns beobachte.«[7]

Ochsenknecht spielte 2024 den Judas im österlichen RTL-TV-Spektakel »Die Passion«, sodass man zunächst PR-Motive hinter diesem Interview vermuten kann. Allerdings lässt sich sein Statement nicht nur auf Filmmarketing reduzieren, denn diese Art von einfachem, selbst verfasstem Bekenntnis ist typisch für unsere Zeit. In der wissenschaftlichen Statistik verbergen sich solche Einstellungen, wie sie auch Ochsenknecht äußert, dann in der wachsenden Gruppe der Konfessionslosen und werden damit unsichtbar.

Gegenwärtig gibt es eine kaum überschaubare Zahl informeller religiöser Netzwerke und Zirkel, die ein spirituelles Leben in weitgehender Unverbindlichkeit ermöglichen. Es herrscht die sogenannte »Selbstermächtigung des religiösen Subjekts«[8], bei der Menschen ihren Glauben ohne Rückversicherung der religiösen Institutionen selbst zusammenpuzzeln.

Und nicht nur das, denn dieser individuelle Glaube wird dann als der »bessere« gegenüber den traditionellen religiösen

Institutionen behauptet, häufig im Gestus emotionaler, empörter Abgrenzung oder Abwertung dieser Institutionen.[9] Es gibt viele Menschen, die sich als »Erwachte« bezeichnen und sich als »Lehrer« anbieten. Ein Beispiel dafür ist der »spirituelle Lehrer« Eckhart Tolle, der Versatzstücke verschiedener Religionen und Traditionen zu einem eigenen Glauben zusammenfügt, um diesen dann den traditionellen Religionen »um die Ohren zu schlagen«. Tolle ist wie ein Symbol für die spirituelle Szene der Gegenwart, sodass wir uns in einem eigenen Kapitel damit beschäftigen werden.

Der neue informelle und unverbindliche Zugang zum religiösen Erleben hat aber auch die traditionellen Religionen verändert. Besonders auffällig ist dies beim Buddhismus, der sich im 20. Jahrhundert weit in die westliche Kultur geöffnet hat. Am bekanntesten sind dabei der Zen-Buddhismus und der tibetische Buddhismus, prominent vertreten durch ihr Oberhaupt, den Dalai-Lama. Im Kontakt mit der westlichen Kultur sind neue Formen entstanden, die das formalisierte buddhistische Klostersystem und das Bedürfnis nach einer informellen, lockeren Bindung zusammengebracht haben.

Elemente religiösen Erlebens finden sich z. B. auch im modernen ökologischen Denken und Umweltbewusstsein, insbesondere unter der sogenannten Gaia-Hypothese. Gaia ist in der griechischen Mythologie die Erdgöttin. Gaias grausame Geschichte wird dabei selten erzählt: Gaia empfängt nämlich in unbefleckter Empfängnis den Uranos, zeugt mit ihm Kinder, die sie vor ihm versteckt, da Uranos sie fressen will. Gaias Sohn Kronos befreit seine Geschwister, indem er seinen Vater kastriert. Seine Waffe ist eine unzerstörbare Sichel, die seine Mutter Gaia extra für ihn hergestellt hatte – wie so oft in der Antike lassen sich Götter und Göttinnen nicht eindeutig in moralische

Kategorien wie Gut oder Böse einordnen. Im ökologischen Diskurs ist Gaia jedoch als nährende Erdmutter moralisch integer: Die Erde wird als ein selbstregulierendes System betrachtet, das durch menschliche Aktivität aus dem Gleichgewicht geraten ist. Zu diesem Gleichgewicht bzw. seiner Wiederherstellung gehören alle Lebensformen, also nicht nur Menschen. Daher geht dies häufig mit pantheistischen Vorstellungen einher. Der Pantheismus wurde insbesondere durch Goethe prominent und besagt, dass das Göttliche überall ist (»pan« bedeutet im Altgriechischen »alles«).[10] Bekannt wurde diese Sichtweise durch populäre Filme wie »Avatar – Aufbruch nach Pandora«, was in der Religionswissenschaft sogar zu der Behauptung führte, dass sich hier eine neue, »Dunkelgrüne Religion«[11] herausbilde. Dies werden wir im Kapitel 6 »Gaia, Naturspiritualität und Dunkelgrüne Religion« ausführlich behandeln.

Schließlich gibt es noch die Verbindungen von wissenschaftlicher und spiritueller Denkweise, sichtbar beispielsweise in Formen wie dem sogenannten MBSR-Achtsamkeitstraining[12], das positive gesundheitliche Effekte haben soll. »MBSR« ist eine Abkürzung für »Mindfulness Based Stress Reduction« und kann übersetzt werden als »Stressreduktion durch Achtsamkeit«. Dieses Verfahren basiert auf klinischen Studien, die die positive Wirkung von buddhistischen Meditationspraktiken zeigen. Der Hauptvertreter ist Jon Kabat-Zinn. Das Konzept der »Achtsamkeit« (auf Englisch »Mindfulness«) hat sich davon ausgehend in vielen Lebensbereichen etabliert. Auch bei Yoga und vergleichbaren Formen wird diese ›eingebettete Spiritualität‹ akzeptiert, wenn der Nutzen für die seelische und körperliche Gesundheit ›bewiesen‹ ist. Im weiteren Sinne zählen auch die Versuche der sogenannten »Neurotheologie« hinzu, in der über Gehirnscans oder andere Methoden erforscht wird, was beim religiösen Denken und Meditieren physiologisch passiert und ob man so beweisen kann, dass davon positive Effekte ausgehen.

Was zeigen uns diese verschiedenartigen Facetten des Religiösen, die in ganz unterschiedlichen gesellschaftlichen Bereichen auftreten? Wie es aussieht, wird sich wohl eher die These der Säkularisierung auflösen als das religiöse und spirituelle Leben. Fragen, die noch vor wenigen Jahrzehnten überflüssig erschienen, da man glaubte, Religion würde ohnehin verschwinden, stellen sich nun vehement wieder: Warum haben Menschen offenbar dauerhaft religiöse und spirituelle Bedürfnisse und Erfahrungen? Welcher Art sind diese in unserer Gegenwart? Welche Rolle können Religion und Spiritualität in der »postsäkularen Gesellschaft« einnehmen?

Wir werden auf diese Fragen noch genauer eingehen. Es lässt sich hier aber bereits feststellen: Menschen, die sich als spirituell bezeichnen, berichten generell von Erfahrungen, die sich als Erfahrung von Transzendenz beschreiben lassen. Transzendenz meint das Überschreiten (von lat. transcendere, *überschreiten, übertreten*) der Grenze des menschlichen, sinnlich Wahrnehmbaren in einen Bereich des »Übersinnlichen«. Transzendenz wird meist erlebt als Verbundenheit mit etwas Größerem. Diese Transzendenzen können unterschiedlich stark erlebt werden.

Wir können sie grob einteilen als Erfahrungen kleiner, mittlerer oder großer Intensität. Kleine Transzendenzen können Erlebnisse wie ›Flow‹, Resonanz, Verbundenheit oder Erhabenheit in und mit der Natur sein. Transzendenzerfahrungen großer Intensität wie ein Erwachen oder eine Begegnung mit Engeln stürzen das eigene Leben häufig grundlegend um, wie wir Selbstzeugnissen entnehmen können. Bleiben noch Personen, die von Transzendenz mittlerer Intensität berichten. Diese mittleren Erfahrungen dürften die Mehrzahl im großen Feld der Spiritualität und Esoterik ausmachen, da die betroffenen Personen hoffen, irgendwann einmal auch eine »große Transzendenz« zu erleben, eine endgültiges Überschreiten des menschlichen Bereichs, die den Suchenden zum Wissenden macht. Hierfür wird nicht nur ein Weg, sondern eine Unzahl von immer neuen Wegen auf dem Marktplatz der Erleuchtung angeboten, die genau an dieser Sehnsucht nach einer endgültigen Transzendenz ansetzen.

In den folgenden beiden Kapiteln geht es um die Beschreibung solcher Transzendenzerfahrungen: Es geht um die »Sache mit der Erleuchtung« und darum, wie Menschen – von der Antike bis zur Gegenwart – »erwachen«.

Die Saat des Himmels

»Die Saat ist noch unbewässert,
der Regen aber bist Du.«
Farīd-ad-Dīn 'Aṭṭār[13]

In der Netflix-Serie *Manifest* verschwindet ein voll besetztes Flugzeug spurlos. Fünf Jahre später taucht es wieder auf. Im Erleben der Passagiere sind jedoch nur wenige Stunden vergangen. Die »Acht-Zwei-Acht-Passagiere«, wie sie nach der Flugnummer »828« genannt werden, haben in der Zeit nach ihrem merkwürdigen Flug unerklärliche Eingebungen, die sie »Callings« oder »Berufungen« nennen. Diese sind auf Anhieb nicht zu verstehen und müssen erst entschlüsselt werden. Die Eingebungen überkommen die Passagiere zudem ohne Ankündigung, sodass bei den Protagonisten des Films große Unsicherheit entsteht. Einige lernen, sich auf ihre »Callings« zu verlassen, selbst wenn sich deren Sinn nicht erschließen lässt. Häufig werden durch das Enträtseln und Befolgen der »Callings« Straftaten verhindert und Leben gerettet. Eine der Hauptfiguren, der atheistische Mathematiker Ben Stone, versucht, den tieferen Sinn dieser unerklärlichen Erfahrungen durch Recherche, Fakten und Modellbildung zu verstehen und erstellt riesige und komplexe Wissensnetze der Ereignisse und Personen. Andere 828-Passagiere sind mit den Eingebungen überfordert, sie werden wahnsinnig und isolieren sich oder versuchen gar, sich selbst zu töten. Auch die Umwelt ist nicht hilfreich, sie reagiert mit Unverständnis oder sogar feindselig. So wird zum Beispiel die junge 828-Passagierin Angelina Meyer wegen ihrer Eingebungen in einem Kellerverlies gefangen gehalten, und zwar von ihren eigenen strenggläubigen, christlichen Eltern. Die Eltern glauben, ihre Tochter sei vom Bösen besessen und sie müssten die Welt vor ihrer teuflischen Tochter beschützen. Die Charaktere sind verunsichert und wissen nicht, was dies alles zu bedeuten hat, und einige zerbrechen auch daran. Schließlich finden sie heraus, dass sie sich als Gruppe selbst organisieren müssen, um zu überleben, doch dieser Prozess erweist sich als schwierig und schmerzhaft.

Religiöse Erfahrungen erleben die Betroffenen häufig ähnlich wie die Eingebungen in *Manifest*: Man weiß nie, warum sie die einen treffen und die anderen nicht, sie kommen ohne Ankündigung und können, wenn es sich um »große Transzendenzen« handelt, ein Weltbild radikal durcheinanderrütteln. Und wie in *Manifest* können Transzendenzerfahrungen von Menschen erlebt werden, die mit Religion nichts zu tun haben oder sogar erklärte Gegner einer Religion sind. In der Geschichte gibt es dafür viele Beispiele. Am bekanntesten ist wohl die historische Figur des Saulus, dessen radikale Wandlung in den deutschen Sprichwortschatz eingegangen ist: Jemand wird »vom Saulus zum Paulus«. Saulus war einer der brutalsten und unbarmherzigsten Christenverfolger. Mitten in einer seiner Christenjagden »umleuchtete ihn plötzlich ein Licht vom Himmel und er fiel auf die Erde und hörte eine Stimme, die sprach zu ihm«, wie es in der Apostelgeschichte 9, 3–4 heißt. Das war sein erstes »Calling«, wie die 828-Passagiere sagen würden. Im Wandlungsprozess selbst war Saulus nicht ohne fremde Hilfe überlebensfähig. Doch nach seiner Wandlung wurde der ehemalige Christenverfolger unter seinem neuen Namen Paulus zum wichtigsten Verbreiter des Christentums. Gott kümmert sich – so vermittelt es die Apostelgeschichte – nicht darum, ob jemand gläubig oder ungläubig ist, wenn er ohne Vorankündigung »ins Denken einfällt«, wie der litauisch-französische Philosoph Emmanuel Levinas schreibt.[14] Nach den uns bekannten Überlieferungen aus Vergangenheit und Gegenwart machen viele Menschen ungewollt und unerwartet religiöse Erfahrungen. Wie im vorangegangenen Kapitel ausgeführt, können diese mehr oder weniger intensiv ausfallen, von einer großen Transzendenz und einer radikalen Änderung des eigenen Lebens bis hin zu einer unbestimmten Sehnsucht oder Gefühlen von Flow oder Harmonie.

Die aktuelle Diskussion um den Bedeutungsverlust von Religion erfährt eine neue Sichtweise, wenn wir einen Blick über die derzeitigen Probleme der christlichen Kirchen hinaus wagen: Sofort entdecken wir ein unendliches Gewusel an religiösem und spirituellem Leben, für das wir im vorangegangenen Kapitel einige Beispiele kennengelernt haben. Religion und Spiritualität sind auf unserem Planeten so vielfältig und unterschiedlich, dass es unmöglich erscheint, diese als Ganzes zu erfassen. Allein diese Vielfalt und der Reichtum an Spiritualität auf der Erde zeigt uns, dass damit offenbar einem menschlichen Bedürfnis entsprochen wird, das in jeder Zeit und Kultur immer wieder neu entsteht, in kleinen oder größeren Formen, über eine kürzere oder eine längere Zeitspanne, lokal begrenzt – wie etwa bei Stammesreligionen – oder lokal unbegrenzt wie bei den sogenannten Weltreligionen. Und bei all diesen Ausprägungen gibt es Berichte von solchen Erfahrungen, die eben nicht berechenbar sind, sondern wie »vom Himmel« zu fallen scheinen.

Können diese Erfahrungen aber auch wissenschaftlich erklärt und beschrieben werden? Und das, ohne sie zu »entzaubern«? In der Religionssoziologie ist es üblich, sich auf die Untersuchung der *Funktionen* von Religion in der Gesellschaft zu beschränken. Eben haben wir gerade eine solche Funktion besprochen, nämlich dass Religion helfen kann, solche ungewöhnlichen Erfahrungen zu integrieren und sinnvoll zu verarbeiten. Doch wenn wir dabei stehen bleiben, bleibt das Ganze eine »dünne Beschreibung«, wie der US-amerikanische Kulturwissenschaftler Clifford Geertz (1926–2006) schreibt. Formal ist so eine Beschreibung zwar korrekt, aber sie bleibt eben bloß eine äußerliche Beschreibung, bei der wir den ›Witz‹ verpassen, also das, worum es für die betroffenen Menschen eigentlich geht.[15] Wir wollen deshalb nach Gründen suchen, warum Menschen für so etwas wie die *Saat des Himmels*, von der der persische Dichter Farīd-ad-Dīn ʿAṭṭār im Eingangszitat spricht, empfänglich sind. Dafür beschäftigen wir uns nun mit der *Philosophischen Anthropologie*. Bei ihr handelt es sich um eine interdisziplinäre Forschungsrichtung, die sowohl geisteswissenschaftliche als auch sozial- und naturwissenschaftliche Erkenntnisse einschließt. Kann sie uns darüber Auskunft geben, warum Spiritualität und Religion offenbar etwas zutiefst Menschliches sind?

Einer der Hauptvertreter der Philosophischen Anthropologie ist Helmuth Plessner (1892–1985), der Philosoph und Soziologe war, aber auch Medizin und Zoologie studiert hatte. Plessner entwickelte eine Theorie, die alle Formen des Lebens miteinander verbindet und in der sich menschliche Lebewesen nur durch eine höhere Komplexität von anderen Daseinsformen unterscheiden. Nach Plessner sind menschliche Lebewesen im Unterschied zu tierlichen Lebewesen mit einer doppelten Perspektive ausgestattet, die er »exzentrische Positionalität« nennt. Das Wort »exzentrisch« leitet sich von den lateinischen Wörtern »ex«, auf Deutsch »aus«, und »centrum«, auf Deutsch »Mittelpunkt«, ab. Menschliche Lebewesen besitzen neben der Wahrnehmung aus ihrer Mitte heraus also zusätzlich die Eigenschaft, sich wie *von außerhalb der eigenen Mitte* wahrzunehmen.[16] Ein Mensch ist somit nie nur erlebendes Subjekt, sondern zugleich unausweichlich sein eigenes Wahrnehmungsobjekt. Beispielsweise kann er sich selbst abwerten oder aber sich motivieren, etwas Bestimmtes zu tun. Hinzu kommt nach Plessner, dass menschliche Lebewesen ihre eigene Doppelnatur auch selbst wahrnehmen können, was die Sache nicht einfacher macht. So können wir Menschen uns selbst abwerten und dabei auch wissen, dass wir das gerade tun. Diese Reflexivität kann also zu einer unendlichen Spirale des Denkens führen, was uns auf eine der Ursachen für menschliches Leid hinweist. Plessner beschreibt dieses Sich-Bewusst-Sein der eigenen »Doppelnatur« mit folgenden Worten: Dem Menschen

> »ist der Umschlag vom Sein innerhalb des eigenen Leibes zum Sein außerhalb des Leibes ein unaufhebbarer Doppelaspekt der Existenz, ein wirklicher Bruch seiner Natur. Er lebt diesseits und jenseits des Bruches, als Seele und als Körper und als die (…) Einheit dieser Sphären. Die Einheit (…) ist nicht das den Gegensatz versöhnende Dritte (…). Sie ist der Bruch, der Hiatus (…)«[17]

Das Wort »Hiatus« kommt aus dem Lateinischen und bedeutet »Kluft«, »Riss« oder »Spalt«. Es ist also die Wahrnehmung einer auseinanderklaffenden, unüberbrückbaren Doppelheit, die menschliche Lebewesen ausmacht.

Was nun auf den ersten Blick wie blankes Elend aussieht, hat jedoch auch eine andere Seite. Denn bedingt durch ihre exzentrische Positionalität, denken menschliche Lebewesen *über sich selbst*, die eigene Stellung in der Welt und über den Sinn des eigenen Lebens nach. Daraus können auch Gedanken über das Leben überhaupt entstehen. Wenn ich beispielsweise anfange, über mich selbst nachzudenken, kann ich auch über andere nachdenken und mir dann überlegen, warum wir überhaupt nachdenken, und warum wir eigentlich »hier« sind. Das Hauptproblem menschlicher Lebewesen ist daher, dass sie zu viel von etwas haben, einen Überschuss an Gedanken und Fantasien über sich, ihre Instinkte, Regungen und ihr eigenes Verhältnis zur Welt. In der Philosophie sowie in der Literatur und Kunst ist dies ein viel frequentiertes Motiv: »Zwei Seelen wohnen, ach! in meiner Brust«, dieser Ausruf von Goethes Faust ist mittlerweile sprichwörtlich geworden.[18]

Die menschliche Fähigkeit zur exzentrischen Positionalität bildet für Plessner den »Kern aller Religiosität«[19] – und Religiosität ist deshalb auch in allen menschlichen Lebewesen angelegt. Diese Religiosität zeigt sich durch zwei grundlegende Erfahrungen, nämlich die Erfahrung von Nichtigkeit und von Absolutheit: Wenn menschliche Lebewesen über sich und die Welt nachdenken, entstehen nach Plessner zum einen die Idee der »Nichtigkeit des Wirklichen« – inklusive der verzweifelten Gefühle der »Haltlosigkeit«, Unwichtigkeit und Vergänglichkeit der eigenen Person, und zum anderen die Idee von »Gott als das absolute, notwendige, weltbegründende Sein« einschließlich der Gefühle von Notwendigkeit, Richtigkeit und Aufgehobenheit.[20]

Anhand der Erwachsenerzählung des Comedians Bülent Ceylan lässt sich gut nachvollziehen, wie zunächst Erfahrungen von Nichtigkeit und Verzweiflung entstehen, die sich dann in eine Absolutheitserfahrung, hier die Erfahrung der Präsenz Gottes, wandeln, durch die Ceylan schließlich zum evangelischen Glauben konvertierte. Zunächst berichtet er, wie er vor seiner Konversion »verrückt (...) beim Grübeln« wurde oder sich »den Kopf zermartere«. Er wird geplagt von »Sorgen«, »Ängsten« und »Belastungen« sowie von nicht aufhörenden, »bohrenden« Fragen wie »Ist da ein Gott? Kann ich, will ich an ihn glauben?« Dies treibt ihn immer mehr in die Verzweiflung, bevor er eine Absolutheitserfahrung macht:

> »Ich erinnere mich an einen Abend, ich war mal wieder allein in einem Hotelzimmer, als mich diese innere Suche richtig verzweifeln ließ. Bis ich mir irgendwann nicht mehr anders zu helfen wusste, als mich hinzuknien. Zwischen Hotelbett und Fernseher. ›Lieber Gott, gib mir bitte ein Zeichen.‹ Ich fühlte mich so schwer, so beladen, wie es in der Bibel heißt. War da jemand, der die Last von meinen Schultern nehmen konnte? Der mir den Weg zeigen würde? ›Lieber Gott‹, murmelte ich, ›ich übergebe dir meine Sorgen, meine Ängste, meine Probleme. Ich fühle mich so überfordert. Bitte hilf mir.‹ Auf einmal, ich war immer noch auf meinen Knien, veränderte sich etwas in dem Zimmer. Ich kann es nicht erklären. Es fühlte sich an wie eine Präsenz. Wie eine Antwort. Als sei Gott ganz nah bei mir.«[21]

Für manche Menschen – wie Bülent Ceylan – kann die Absolutheitserfahrung eine Gotteserfahrung sein, während sie für andere Menschen tief bewegende Erlebnisse der Verbundenheit mit dem Universum oder der Natur sind. Ob nun jemand an Gott oder andere transzendente Figuren glaubt oder nicht, immer geht es für das menschliche Lebewesen darum, diese existenziellen Erfahrungen von Nichtigkeit einerseits und Absolutheit andererseits einigermaßen gut zu verarbeiten.

Religionen und ganz allgemein spirituelle Konzepte sind fantasievolle Formen, um solche Erfahrungen einerseits ernst zu nehmen, und andererseits der Verunsicherung ein Ende zu setzen durch ein »So ist es«. Dieses »So ist es« muss durch einen Glaubensakt akzeptiert werden, dann kann sich die transzendente Welt entfalten, die die wahrgenommene Welt erklärt, stützt, überschreibt, begründet und ihr Sinn verleiht. Religionen nehmen dafür übernatürliche Entitäten an, die unsere »normale« Alltagswirklichkeit überschreiten, aber in dieser Welt wahrnehmbar und spürbar sind.

Die transzendente Welt ist so immer mit den (gläubigen) Menschen in ihrem alltäglichen Leben verbunden. Umgekehrt können Gläubige dann auch Kontakt zum Transzendenten aufnehmen, ihm begegnen oder sogar mit ihm einen Dialog führen. Wie auch immer der Kontakt sich gestaltet, nie sind sie allein. Welche transzendenten Figuren dies sind, spielt – von außen betrachtet – für das Funktionieren dieses Dialogs keine Rolle: Es können Gott, die Engel, die Heiligen oder auch Widersacherfiguren wie der Satan sein. Auch ist es nicht maßgeblich, ob es sich um eine bestimmte Religion wie das Christentum oder eine andere monotheistische Religion handelt, sodass auch Götter aus polytheistischen Religionen, heilige Tiere, Berge oder Landschaften, Trolle, Elfen, das kleine Volk, Poltergeister, Dakinis und andere Gottheiten[22] eingeschlossen sind. Diese Dialoge und Begegnungen finden dann in einer ganz eigenen Sprache statt, die neben Worten auch Bilder, Klänge, Träume, Gefühle und körperliche Wahrnehmungen einschließt.

Für Plessner war Religion jedoch nur *eine* Möglichkeit, mit diesen Erfahrungen der eigenen Nichtigkeit und Absolutheit umzugehen. Die andere war der Atheismus. Als Atheistin oder Atheist muss man in der Lage sein, als vergängliches menschliches Lebewesen in einer vergänglichen Welt zusammen mit anderen vergänglichen Lebewesen und Dingen ein vergängliches Leben zu leben. Das muss man dann aushalten. »Atheismus ist leichter gesagt als getan.« schreibt Plessner daher.[23]

Nichtigkeits- und Absolutheitserfahrungen treffen also alle Menschen, nur werden diese Erfahrungen sehr unterschiedlich wahrgenommen und verarbeitet. Insofern sind sowohl Atheismus als auch Religion einschließlich des Spektrums, das sich zwischen ihnen aufspannt, Versuche, mit diesen Erfahrungen umzugehen.

Diese Sichtweise ermöglicht es uns nun, das Thema Religion und Spiritualität nicht im Kampfmodus anzugehen, sondern in entspannterer Haltung: Vielleicht waren Sie einmal mit siebzehn religiös, sind später aus der Kirche ausgetreten und gehen dennoch jedes Jahr zu Weihnachten in die Kirche. Vielleicht sind Sie passionierter Atheist, werden aber ergriffen, wenn Sie die Johannespassion von Johann Sebastian Bach hören. Oder Sie sind ein wissenschaftlich denkender Mensch und praktizieren Achtsamkeitstraining, weil sein positiver Effekt wissenschaftlich erwiesen wurde. Vielleicht interessieren Sie sich überhaupt nicht für Religion, bis Sie wie einer der 828-Passagiere aus heiterem Himmel ein »Calling« empfangen, das Sie irritiert und nicht mehr loslässt. Vielleicht ergeht es Ihnen auch wie Jimi Blue Ochsenknecht, und Sie glauben zwar an irgendetwas, wissen aber gar nicht, ob das überhaupt religiös oder spirituell ist. Manchmal denken wir, wir müssten uns ein für alle Mal für eine Seite entscheiden, aber unser Leben ist voller Wandlungen, und wenn wir großzügig genug mit uns sind, können wir in diesem Spektrum auch anscheinend Widersprüchliches in uns aufnehmen.

Gehen wir von einem Spektrum aus, dann geht es nicht darum, Menschen in religiös oder nicht religiös oder atheistisch einzuteilen. Dann ist es auch möglich, dass jemand von der einen zur anderen Position wechselt, oder dass ein einzelner Mensch zugleich in einer Hinsicht agnostisch ist und in einer anderen Hinsicht nach einem Glauben lebt. Auch ein Atheist kann dann in einer existenziellen Notsituation Gott um Hilfe bitten, sich aber weiterhin als atheistisch verstehen. Auf dieses Spannungsverhältnis von Atheismus und Religion und Spiritualität werden wir im letzten Kapitel noch einmal zurückkommen.

Was können wir uns nun unter den Erfahrungen von Nichtigkeit und Absolutheit genauer vorstellen? Absolutheitserfahrungen können etwas Erhebendes haben, Einssein, Flow, Aufgehobenheit und Gewissheit, und das in unterschiedlichen Intensitätsgraden. Bei einer großen Transzendenz kann sich das Gefühl einstellen, ein für alle Mal durchzublicken, den Sinn des Universums erfasst zu haben und von nun an mit transzendenten Wesen nicht nur in Kontakt zu sein, sondern auch in ständiger Kommunikation. Gefühle der eigenen Nichtigkeit können sich in depressiver Stimmung, Bedeutungslosigkeit, Verzweiflung oder dem Gefühl, gar nichts mehr zu wissen, ausdrücken. Wie wir eben in der Erwachenserzählung von Bülent Ceylan gesehen haben, können Nichtigkeitserfahrungen in Absolutheitserfahrungen umschlagen. Dies wird von einigen Autoren als Zeit des Schreckens und der Angst berichtet, als »dunkle Nacht der Seele«. Für diese Art von Erfahrung hat Johannes vom Kreuz ein poetisches Handbuch geschrieben,[24] in dem er verspricht, dass »hinter« dieser »dunklen Nacht« eine große Transzendenz warte, eine große Absolutheitserfahrung, die in verschiedenen Traditionen Erwachen, Erlösung, Befreiung oder Erleuchtung genannt wird. Diese großen Absolutheitserfahrungen haben tiefgreifende Änderungen des Lebens der Betroffenen zur Folge. In einigen Fällen treten sie danach als charismatische Führer auf und versammeln eine Schar von Anhängern. Dabei können neue

Religionen gegründet werden oder neue Kulte entstehen, oder aber ein neuer »spiritueller Lehrer« oder eine neue »spirituelle Lehrerin« betritt die Bühne. Wenn wir damit ›gesegnet‹ werden, handelt es sich nicht nur um ein Berührtwerden von Traurigkeit oder Melancholie, nicht nur um eine Flow- oder Resonanzerfahrung und auch nicht um einen kleinen Einblick ›in das Reich Gottes‹, sondern um eine totale Verwandlung. Schauen wir uns diese Erleuchtung, das Erwachen, genauer an.

3 Die Sache mit der Erleuchtung

»Du bist jenseits des Traum- und Wachzustandes.«

Nisargadatta Maharaj[25]

Wenn Sie die Stichwörter »Erwachen« oder »Erleuchtung« googeln, erhalten Sie eine Fülle von Berichten verschiedenster Menschen über die eigene Erleuchtung oder das eigene Erwachen, sodass man sich fragen kann, ob wir gerade in einem Zeitalter explodierender Erleuchtungserfahrungen leben. Erwachen also immer mehr »ganz normale Leute«, wie es in einem Internet-Portal mit über 700 solcher Erleuchtungserzählungen heißt?[26] Doch was bedeuten diese Begriffe eigentlich – Erwachen, Erleuchtung? Und wo kommen sie her?

Wenn wir uns diese Begriffe etwas genauer anschauen, dann stellen wir fest, dass es sich, sprachlich gesehen, um Metaphern handelt. Metaphern sind Wörter oder Wortkombinationen, die wir aus einem Bedeutungsbereich herausnehmen, um sie in einem anderen Bedeutungsbereich einzusetzen. Dabei übernehmen wir die Bedeutung der Wörter nicht eins zu eins, sondern lediglich deren Bedeutungsbeziehungen, wir bilden eine »Analogie«. Wenn jemand beispielsweise sagt, er sei gerade nicht »flüssig«, dann wissen wir, dass er damit sagen will, dass er gerade kein Geld zur Verfügung hat, und nicht, dass er ausnahmsweise nicht »wässrig« ist. Wir verstehen, dass »flüssig« im übertragenen Sinn gemeint ist: Die metaphorische Bedeutung von »flüssig« hat hier zwar noch mit bestimmten Aspekten des Bereichs Wasser zu tun, etwa als überlebenswichtige Ressource, heißt aber immer »Geld zur Verfügung haben«.

Gruppen von Metaphern können kraft der Analogie ganze Denkmodelle ausbilden, die unsere Wahrnehmung und unser Denken nachhaltig beeinflussen. So gibt es im Deutschen nicht nur die Metaphern Geldregen, Geldquelle oder Geldhahn, sondern unsere Geldquellen können auch sprudeln oder versiegen, und der Geldhahn kann abgedreht oder aufgedreht werden. Das Deutsche ist wie jede Sprache durchzogen von einem ganzen Netzwerk solcher Metaphernmodelle, die unser Alltagsverständnis prägen. »Erwachen« und »Erleuchtung« sind nun ebenfalls Teil dieses bildhaften Metaphernnetzwerks, und stellen solche Denkmodelle dar: Wenn wir im spirituellen Sinn von Erwachen sprechen, bedienen wir uns bei unserer Alltagserfahrung von Schlafen und Wachen und wenn wir von »Erleuchtung« reden, beim Kontrast von Dunkelheit und Helligkeit bzw. Licht.

Die Metapher des Erwachens

Schlafen und Wachen sind Alltagserfahrungen, und daher wissen wir, worin sich die Schlaferfahrung von der Erfahrung des Wachseins unterscheidet: Schlafende sind aus der Sicht der Wachwelt kaum handlungsfähig und bekommen das Leben im Wachzustand nur sehr eingeschränkt mit. Es ist ein sehr verletzlicher Zustand, und deshalb muss ein Schlafplatz so gut wie möglich geschützt sein. Jeden Tag erwacht die schlafende Person aufs Neue aus ihrem Schlaf.

Und genau hier beginnt die Metapher vom spirituellen Erwachen einen Unterschied auszumachen. Denn Erwachen im religiösen oder spirituellen Sinn drückt die Vorstellung aus, dass jemand *dauerhaft* schläft und dann spontan oder durch ein bestimmtes Ereignis in einem Aha-Erlebnis wach wird, das ihm oder ihr für immer »die Augen öffnet«. Ein spirituelles Erwachen ist also eine tiefgreifende Absolutheitserfahrung oder eine große Transzendenz, und geschieht *gerade nicht* jeden Tag aufs Neue. Das metaphorisch gemeinte Schlafen bedeutet, dass die »schlafenden« Menschen die wahren Tatsachen und Zusammenhänge nicht wahrnehmen können. Sie befinden sich in einem Zustand, in dem alles nur Traum, Illusion und Täuschung ist. Rückblickend erscheint es Erwachten unverständlich, warum sie so dumm sein konnten, diese Illusion nicht zu erkennen. Jetzt aber glauben sie sich im Besitz der absoluten Wahrheit und bauen ihr Leben nun auf der neu gefundenen, grundlegenden Wahrheit auf. In diesem biografischen Einschnitt werden tiefe, im Unbewussten schlummernde Grundannahmen der eigenen Weltanschauung verändert: Einige werden aufgelöst, andere neu gebildet. Dabei wird das alte Leben abgewertet und das neue aufgewertet. Durch die neu gewonnene Sicht wird die ganze Welt umgedeutet und erscheint in anderem Licht. Viele Erwachenserzählungen folgen daher einem dreiteiligen Schema: einer Beschreibung des schlechten, alten Lebens, einer Darstellung des Erwachensvorgangs und einer Ausführung des guten, neuen Lebens »nach« dem Erwachen.[27]

Dieser grundlegende Wandel, der mit dem Erwachen geschieht, wird häufig mit einer eigenen Metapher beschrieben: »Konversion«, was im Deutschen meist mit »Bekehrung« übersetzt wird. »Konversion« bedeutet im Alltagssprachgebrauch häufig einfach nur »Wechsel zu einer Religion«. Im Zusammenhang mit einem Erwachen bedeutet Konversion aber mehr: Das Wort »Konversion« leitet sich vom lateinischen *convertere* ab, das eine Vielzahl von Bedeutungen besitzt, darunter umkehren, umdrehen, verwandeln, sich ändern, etwas in Unordnung bringen und sich auf etwas Neues ausrichten. Diese Bedeutungen treffen auch auf die »Konversion« zu, denn es entsteht viel Unordnung, wenn der ursprüngliche Lebensplan aufgrund eines Erwachens aufgegeben wird und das Leben eine andere Richtung erhält. Eine Konversion kann daher sehr dramatisch verlaufen, es handelt sich nicht um ein bloßes Austauschen von Neu gegen Alt. Auch wenn es Menschen gibt, die von mehrfachen Konversionen berichten, passiert dies eher selten. Selbst im Rahmen einer Psychotherapie brauchen Klienten bekanntlich einige Zeit, um die Grundannahmen ihres eigenen Weltmodells zu erkennen und zu verändern.

Das liegt daran, dass diese Grundannahmen oder Letztbegründungen im Weltverständnis ähnlich wie *Axiome* funktionieren. Was sind Axiome? Vielleicht kennen Sie die jahrhundertealte, in vielen Varianten erzählte Geschichte, nach der die Erde von einer Schildkröte getragen wird. Dann fragt jemand, worauf denn dann diese Schildkröte stehe und erhält als Antwort: »Fragen Sie nicht weiter, es sind lauter Schildkröten, eine auf der anderen, bis ganz unten …« Dieses Bild illustriert, dass der Zwang, Annahmen zu begründen bis ins Unendliche fortgesetzt werden kann. Es ist also notwendig, »irgendwo anzufangen«.

In einer physikalischen oder mathematischen Theorie sind Axiome Grundannahmen, die aus der Theorie selbst heraus nicht bewiesen werden können. Sie werden aber dennoch als Grundannahmen oder Prämissen benutzt, um etwas Wahres daraus zu folgern. Da es sich in der Mathematik um abstraktes, freies Denken in formalen Systemen handelt, fällt es emotional nicht schwer, Axiome zu ändern oder diese zu variieren, um deren Konsequenzen zu erforschen. Im menschlichen Leben sieht dies anders aus: Wenn einmal bestimmte Sätze als letztgültig, als Grundannahmen anerkannt werden, sind dies tief verankerte Überzeugungen, bei denen Wahrnehmung, Körper, Gefühl und Verstand beteiligt sind. Wir sprechen in der Alltagssprache auch davon, dass sich eine Überzeugung »festgesetzt« hat. Wenn dann aus einer festen Überzeugung etwas gefolgert wird, wird diese Schlussfolgerung bestenfalls noch überprüft, *die Grundannahme bleibt aber davon stets unbehelligt*.

Ein seltsamer Mechanismus sorgt dafür, dass wir uns selbst keine Rechenschaft mehr über unsere Grundannahmen geben müssen: Es wurde Anfang des 20. Jahrhunderts als »Thomas-Theorem« bekannt.[28] Demnach können unsere Grundannahmen völlig irreal sein und dennoch ein funktionierendes Weltmodell ergeben. Wenn wir nach unserer festen, inneren und völlig verrückten Überzeugung handeln, dann sind *die Folgen wirklich*.

Glaube ich beispielsweise an böse Geister, die durch geöffnete Fenster kommen können, um mich zu töten, dann hat dies erst mal keine Relevanz. Wenn ich jedoch davon innerlich fest überzeugt bin und zu jeder Zeit die Fenster geschlossen halte, dann sind zwar nicht die Geister, wohl aber die geschlossenen Fenster real – einschließlich meines seltsamen Verhaltens, überall die Fenster zu verriegeln. Und dann kann ich sagen: Ich *sehe* doch, dass kein böser Geist durchs Fenster kommt und mir etwas antut, seht her, ich kann es beweisen. Meine Grundannahme, dass es solche Geister überhaupt gibt, kann ich dann kaum noch in Frage stellen. Ich könnte natürlich die Fenster einfach aufmachen und meine Annahme wirklich überprüfen. Aber – so könnte man fragen – will ich das Risiko wirklich eingehen, dass ich am Ende doch von einem bösen Geist getötet werde? Und damit haben wir einen ›verteufelt‹ guten Wirklichkeitsapparat, der in der Lage ist, aus unseren tief verwurzelten Grundannahmen weitere Annahmen und Handlungen zu erzeugen, die wir – wie es scheint – ›empirisch‹ überprüfen und erhärten können, egal, wie verrückt sie sind.

Wenn wir uns nun vorstellen, dass das Ganze in einer Gruppe in den sozialen Medien noch emotional mit Ängsten aufgeheizt wird, dann können wir verstehen, wie auch die verrücktesten Verschwörungstheorien zur traurigen Realität gerinnen können. Und je verrückter die Grundannahmen sind, desto schwerer lassen sie sich wieder in Frage stellen! Dafür gibt es zwei Gründe: Zum einen würde ich ja ziemlich dumm dastehen, wenn ich zugeben müsste, dass ich tatsächlich nur einer wirren Verschwörungstheorie gefolgt bin. Zum anderen fälle ich ja auf der Basis meiner vermeintlich gewissen Grundannahmen wichtige Lebensentscheidungen. So könnte ich fragen, ob die von mir angenommenen bösen Geister nicht auch durch Schlüssellöcher passen – und dann nach und nach mein ganzes Haus vollständig versiegeln. Kritik und Ablehnung meiner Freunde würden mich nicht beeinflussen, da ich ihnen eher Unwissenheit oder sogar böse Absicht unterstellen würde, als mir die Verrücktheit meiner Grundannahme einzugestehen. Denn dann würden auch sämtliche Folgehandlungen, die ganzen versiegelten Fenster und Schlüssellöcher und alles andere, was ich getan habe, auf einen Schlag sinnlos werden. Damit würde meine ganze Welt in sich zusammenklappen. Aber genau dies kann bei Konversionen passieren. Wenn ich beispielsweise an Gott geglaubt habe und durch bestimmte Umstände Atheist werde, dann zieht das gravierende Konsequenzen in meinem Leben und meinem Umfeld nach sich. Umgekehrt natürlich auch, denn auch Atheisten können zu einer Religion konvertieren, und das ist für ein atheistisches Umfeld dann ebenfalls ein Schock.

Sicherlich haben Sie auch schon einmal das Wort »Erweckung« gehört. Auch das ist eine Metapher aus dem Bereich des Schlafens und Wachens. Die Grammatik des Verbs *erwecken* sagt uns, dass wir eine zweite Person benötigen, die die schlafende Person weckt: Eine Person wird immer *von jemandem* erweckt. Und da es sich um eine Metapher aus dem christlichen Umkreis handelt, ist dieser jemand natürlich niemand anderes als der personal gedachte christliche Gott. Die Erweckung gilt in christlichen Gemeinden schon lange als Zeichen echten Glaubens. Untersuchungen von Pietistengemeinschaften im 19. Jahrhundert haben sogar gezeigt, dass ein regelrechter Druck herrschte, ein Erweckungserlebnis haben zu *müssen*. Dadurch ähnelten sich die Erweckungserzählungen dann letztlich alle, denn die Gläubigen mussten sich an etablierte Textmuster und den Stil halten, selbst wenn sie abweichende oder gar keine großartigen Erweckungserfahrungen hatten.[29] Textvorbilder spielen also eine wichtige Rolle bei der sprachlichen Formulierung religiöser Erfahrungen. Die bekanntesten Vorlagen im Christentum sind die Bekehrungen des Augustinus und des »Saulus zum Paulus«. Paulus war in seinem Vorleben ein Christenverfolger, von ihm haben wir schon gehört. Augustinus war eine Art ›Playboy‹. Beides waren also Menschen, die als moralisch integre Christen kaum geeignet erschienen. Für eine Erweckung ist dieses Vorleben jedoch ideal, denn dadurch wirkt sie besonders wundersam und eindrucksvoll und zeigt dann etwa, wie groß Gottes Gnade ist. Ein ähnliches Gestaltungsmotiv findet sich auch in den Erweckungserzählungen in späteren Zeiten und auch in der Gegenwart: Wenn Menschen hier angeben, sie seien vor ihrer Erweckung oder auch vor ihrem Erwachen kein spiritueller oder religiöser Mensch gewesen, dann wirkt ihre Erzählung besonders authentisch. Ein solches Erlebnis suggeriert, dass der Erwachte nicht einfach Opfer von zu viel gelesener spiritueller Literatur ist, sondern dass hier tatsächlich Übernatürliches am Wirken war und der Erwachte ein vom Göttlichen Auserwählter unter den Nicht-Erwachten und Nicht-Erweckten ist.

Die Metapher der Erleuchtung

Die Metapher der *Erleuchtung* bezieht ihre Bedeutung ebenfalls aus unserer Alltagserfahrung des Aufwachens: Zum Schlafen schließen wir die Augen und dunkeln sie dadurch ab, bis wir dann in der Tiefschlafphase vollständig abwesend sind. Wenn wir aus dem Schlaf erwachen, öffnen wir die Augen und nehmen so die Helligkeit (wieder) wahr. Aufwachen und das Erleben von Helligkeit gehören in unserer Erfahrung also zusammen. Die Metapher der *Erleuchtung* bedient sich nun bei vielen Gegensatzpaaren wie dunkel – hell, Finsternis – Licht, Dunkelheit – Helligkeit. Eine wichtige Ausprägung dieser Metapher ist ihre Verwendung für *Erkenntnisprozesse*, wenn uns also das sprichwörtliche »Licht aufgeht«. Dieses Licht geht uns übrigens nicht erst seit heute auf, denn diese Metapher wird bereits seit der Antike in vielen Varianten genutzt[30]. Auch unsere Gegenwartssprache kennt viele Variationen. Wir brauchen nur an Ausdrücke zu denken wie »Licht ins Dunkel/in die Angelegenheit/die Sache bringen«, »im Dunkeln tappen« oder »(nicht) die hellste Kerze auf der Torte sein«. Die Licht-Metaphorik ist auch tief in der populären Kultur verankert, beispielsweise bei *Harry Potter* oder *Star Wars*. Dort dient sie dazu, zwischen Gut und Böse zu unterscheiden. Das Gute wird durch Helligkeit und Licht dargestellt, das Böse dagegen ist dunkel und schwarz.

In unserem Alltag bedeutet »Erleuchtung« häufig einfach ein »Aha-Erlebnis«: Wir grübeln über ein Problem nach, und irgendwann kommt uns die Erleuchtung: »Aha! So also ist die Lösung.« In der spirituellen Erleuchtung geht es dagegen um das ultimative Aha-Erlebnis, nach dem *alles* klar sein soll. Es handelt sich also um eine große Transzendenz: *Es geht um das Erkennen der absoluten Wahrheit, die von nichts mehr erschüttert werden kann.*

Wir erwachen seit Tausenden von Jahren

Wenn Plessner davon ausgeht, dass die Religiosität dem Menschen durch seine exzentrische Positionalität mitgegeben ist, dann müssten wir seit den Anfängen der Menschheit immer wieder dieselben Fragen und Probleme finden, die sich aus Nichtigkeits- und Absolutheitserfahrungen ergeben. Wenn wir die Spuren von Erwachen, Erweckung und Erleuchtung – deren Grenzen sich nie ganz trennscharf zeigen – zurückverfolgen, dann gelangen wir bis weit ins vorchristliche Jahrtausend. Dazu werden wir zuerst das Höhlengleichnis Platons betrachten und dann die Legende über das Erwachen Buddhas, das uns die Bandbreite des Gedankens an ein Erwachen und eine Erleuchtung zeigen kann.[31]

Platons Höhlengleichnis – ein Gedankenexperiment des Erwachens

Platon präsentiert das Höhlengleichnis in der *Politea*, zu Deutsch *Der Staat*[32]. Es handelt sich um einen Dialog zwischen Sokrates und zwei Brüdern Platons, in dem die Vorstellung eines idealen Staats entwickelt wird. Das Höhlengleichnis ist ein Teil innerhalb dieses umfangreichen Dialogs.

Das Höhlengleichnis spielt in vielen philosophischen Überlegungen eine wichtige Rolle. Da die Kenntnis des Gleichnisses auch in diesem Kapitel für das weitere Lesen wichtig ist, werde ich es im Folgenden in eigenen Worten wiedergeben. Sprachlich wird es von Platon nicht als Erzählung, sondern als ein vor Augen führendes Gedankenexperiment eingeführt. Ich werde daher die Form des Vor-Augen-Führens sowie die Du-Ansprache beibehalten.[33] Falls Sie das Höhlengleichnis bereits kennen, können Sie die Darstellung natürlich einfach überspringen.

Stell dir vor, du bist mitten in einem Gespräch, ihr unterhaltet euch über dies und das, spinnt Theorien über die Welt und alles andere, lacht und streitet. Und plötzlich tut es einen Ruck. Du weißt gar nicht, wie dir geschieht. Du versuchst dich neu zu orientieren. *Wo bin ich? Was ist hier los?* Du stehst auf, und da siehst du, dass du dich in einer Höhle befindest. Du merkst, dass du dich frei bewegen kannst, während alle anderen, egal ob Freunde oder Feinde, an ihre Stühle gefesselt sind. Sie alle starren wie in einem Kino gebannt auf die Wand vor ihnen und unterhalten sich einfach weiter. Eben saßt du selbst noch vor der Wand und warst in die Welt, die sich dort zeigte, ganz versunken. Nun, von deinen Fesseln befreit, erkennst du, dass dies auf der Wand nur Schatten sind, die von irgendwelchen Gegenständen geworfen werden. Die gefesselten Menschen sind nach wie vor vollkommen auf diese Schatten konzentriert und unterhalten sich über diese Schatten von Gegenständen, als ob sie wirkliche Gegenstände wären. *Was ist das für ein Gegenstand? Warum taucht genau dieser Gegenstand hier auf? Was war der erste aller Gegenstände, und wie hängt er mit den folgenden zusammen?* Es werden ganze Philosophien und naturwissenschaftliche Erklärungen über die Natur dieser »Gegenstände« aufgebaut.

Nun schaust du in der Höhle herum und siehst, dass die Schatten nichts als zufällige, sinnlose Projektionen sind, hervorgerufen durch eine große Fackel im Rücken der gefesselten, diskutierenden Menschen. Hinter dieser Fackel laufen Personen mit großen Gegenständen. Du siehst, wie sie große Krüge und anderes vorbeitragen, was immer wieder neue Schatten wirft. Du überlegst, dass es völlig sinnlos war, eine Systematik in den Schatten zu finden, da diese einfach erscheinen, je nachdem, welcher Gegenstand gerade an dieser Fackel vorbei transportiert wird.

Während du noch versuchst, die neue Situation zu verarbeiten, schweift dein Blick verwirrt in der Dunkelheit umher, und fällt dann auf etwas, das noch viel dunkler aussieht als alles andere. Es sieht aus wie ein großes schwarzes Loch in der Wand und du fragst dich, was das wohl sein kann. Während du dich diesem schwarzen Loch näherst, beginnt es zu pulsieren, und du merkst, wie dein Körper zu zittern beginnt.

Da ergreift dich etwas und zieht dich in dieses schwarze Loch hinein. Du wirst mit einer enormen Geschwindigkeit angezogen, wie durch einen Abfluss gesaugt. Du fühlst dich, als wärst du im freien Fall – und mit einem Schlag bist du an einem völlig anderen Ort: Dein Körper zuckt vor Schmerz zusammen, du bist geblendet, deine Augen können nichts mehr sehen. Es ist so grell, dass du Angst bekommst, blind zu werden. Oder bist du einfach nur verrückt geworden? Dein Körper ist im Schockzustand: Du, dessen ganze Wahrnehmung auf die Schatten in der dunklen Höhle geprägt war, siehst zum ersten Mal in deinem Leben Sonnenlicht.

Es dauert lange, bis die Schmerzen nachlassen und dein Körper sich erholt und regeneriert. Nach und nach, ganz langsam entdeckst du dann, dass die Welt hier draußen irgendwie wirklicher ist als die Höhlenwelt. Hier draußen siehst du die Gegenstände und wie ihre Schatten direkt durch diese gigantische Fackel, die Sonne, und ihre warmen Strahlen erzeugt werden. Die Höhle erscheint dir nun unwirklich. Es ist aber nicht so, dass die Höhle nicht existieren würde, sie erscheint dir jetzt allerdings als Teil der wirklichen Welt. Und diese Welt hier ist unendlich viel größer als die Höhle, die du bis vor Kurzem noch für die einzige Welt gehalten hast. Nun kommt dir dein Verhalten in der Höhle völlig verrückt vor: *Wie kann man sein Leben auf diese verengte Sicht in der Höhle beschränken und dann auch noch behaupten, dies sei die wahre Wirklichkeit?* Diese Fragen kommen dir in den Sinn, während du mitten in der Sonne stehst und dich an der bunten Welt hier draußen erfreust und auf den Höhleneingang blickst. Da packt dich eine heftige Trauer darüber, wie die Menschen in der Höhle alles Schöne verpassen und wie sinnlos es ist, dass sie sich in Stress, Kampf und Hass an den unwirklichen Schatten abarbeiten.

Als du dich wieder beruhigst, spürst du aber immer noch diese Spannung: Du stehst hier mitten im Leben in der Sonne, und gleich dort drüben in der Höhle wird dieses dunkle Drama gespielt, ohne dass je ein Ende in Sicht wäre. So fragst du dich, was du tun sollst: Du hast nun eine so unglaublich weite

Sicht – und was fängst du nun damit an? Gehst du wieder in die Höhle, um den Menschen dort mitzuteilen, dass sie nur Gefangene sind und ihr Leben aus dem sinnlosen Philosophieren über zufällige Schattenmuster besteht? Dass ihr gesamtes Leben also eine einzige Täuschung ist? Und dass du, ja du, sie aus der Höhle führen könntest, um ihnen das zu beweisen? Du erinnerst dich an deine Zeit in der Höhle, und da gab es doch schon einmal jemanden, der genau das gesagt hatte? Du erinnerst dich nicht mehr genau daran, wer das war, doch an die Reaktionen in der Höhle kannst du dich noch ganz deutlich erinnern: Ihr habt diese Person verhöhnt, und einige wollten sie sogar töten. Niemand, auch du nicht, wollte etwas von Gefangensein, von Irrtum oder Täuschung hören. Und so fragst du dich: Willst du zurück in die Höhle gehen und die Menschen dort befreien, auch wenn sie es nicht wollen? Oder lässt du die Höhle einfach Höhle sein und lebst dein Leben an der Sonne?

Das Höhlengleichnis hat eine Vielzahl von Bedeutungen und Funktionen in der *Politea*. Für uns ist der Aspekt wichtig, dass sich hier eine als real wahrgenommene Welt als illusionäres Gebilde entpuppt. Dies sind in Platons Gleichnis die über zufällige Schatten streitenden Menschen in der Höhle. Das uns als real erscheinende Leben ist also eher mit einem Traum oder einem Trancezustand vergleichbar. Aus diesem müssen wir erwachen, um die Realität zu erkennen, wie sie ist. Im Gleichnis wird dies als das Leben außerhalb der Höhle dargestellt. Die Erkenntnis dieser absoluten Wahrheit findet statt, wenn man sich der illusionserzeugenden Struktur vollständig entzieht und dann in einen ›natürlichen Zustand‹ eintritt. Im Gleichnis ist dies ein allmählicher Gewöhnungsprozess: Nach dem Herausziehen aus der Höhle ins Freie und der blendenden Erfahrung der Sonne muss sich der Körper langsam regenerieren. Nach der vollständigen Regeneration stellt sich die Frage: Soll die erleuchtete Person die anderen in der Höhle aufwecken, sie in die Sonne, zur absoluten Wahrheit führen? Also Mission oder nicht? Politische Aktivität – ja oder nein?[34]

Filme wie *Welt am Draht* von Rainer Werner Fassbinder oder *Matrix* von Lana und Lilly Wachowski haben diese Motive aufgegriffen und sie auch in der populären Kultur bekannt gemacht.[35] Aber dennoch: Diese Thesen und Fragen sind heute immer noch eine ungeheure Herausforderung für das menschliche Denken: Wie kommt jemand darauf, die Wirklichkeit, die wir doch so ganz offensichtlich und unmittelbar wahrnehmen, als Illusion hinzustellen? Ist das nicht einfach nur dreist?

Legenden vom Buddha

Wenn wir die Erwachenserzählung Buddhas betrachten, fallen zunächst einige Unterschiede zum Höhlengleichnis auf: Es geht nicht um ein Gedankenexperiment, sondern um eine konkrete, historische Person, deren Erwachen erzählt wird. Der frühere Name Buddhas war Siddhartha Gautama[36], und der Name des Protagonisten aus Hermann Hesses Meisterwerk »Siddhartha« ist natürlich eine Anspielung auf Buddhas weltlichen Vornamen. Dabei ist »Buddha« kein Eigenname, sondern ein Ehrentitel, der übersetzt »der Erwachte« bedeutet.[37] Von Buddhas Erwachen gibt es außerdem keinen einheitlichen, autorisierten Text wie die *Politea*. Die Geschichte von Buddhas Erwachens stützt sich vielmehr auf Legenden und seine – zunächst mündlich überlieferten – Lehrreden, die sogenannten »Sutren«.[38] Die Legende, wie aus Siddhartha Gautama der Buddha wurde, ist daher immer eine Rekonstruktion.[39]

Auch die Erwachenslegende Buddhas werde ich in eigenen Worten wiedergeben. Dabei halte ich mich an den üblichen, erzählenden Legendenstil. Wenn Sie Buddhist sind, werden Sie dies alles bereits kennen und können die folgenden Passagen natürlich überspringen.

In einer traditionsreichen, indischen Krieger- und Fürstenfamilie namens Shakya wurde ein Sohn geboren, und einer Weissagung nach würde aus ihm entweder ein großer Herrscher werden oder – ein Weiser. Der Vater wollte unbedingt, dass sein Sohn Herrscher würde, damit er einen Nachfolger hätte. Deshalb tat er in der Erziehung alles, um ihn in das Leben als Prinz und künftigen Herrscher einzuweisen. Sein Sohn Siddhartha Gautama lebte daher in seinem Palast ein Leben völliger Sorglosigkeit. Seine Ausbildung zum Krieger durchlief er leicht und mit Bravour, er fühlte sich körperlich präsent und stark. Um ihn herum gab es nur junge, gesunde Menschen, es war, als würden Spaß und Unterhaltung, Jugend, Lust und Luxus ewig weitergehen. Er heiratete, das Paar bekam einen Sohn, und alle lebten zusammen im schönsten Leben, das sie sich vorstellen konnten. Doch etwas stimmte nicht. Da war so ein leichtes Gefühl der Enge, als lebte er wie in einer unsichtbaren Blase, ja, es fühlte sich fast wie ein Gefangensein an. Und dann wurde Siddharthas ewig junges Aristokratenleben im Alter von 29 Jahren durch drei Ereignisse erschüttert und durch ein weiteres schließlich zerstört. Es waren Schockerlebnisse, die ihn aus der illusionserzeugenden Struktur plötzlich herausrissen, in der Literatur bekannt als *die vier Ausfahrten.*

Der selbstgewisse Krieger, Ehemann und Vater Siddhartha Gautama ließ sich von seinem Wagenlenker Channa überreden, einen kleinen Ausflug aus dem Palast zu machen, um das Reich des Vaters zu erkunden. Zu zweit fuhren sie mit dem fürstlichen Streitwagen aus dem engeren Palastbereich hinaus. Plötzlich wollte Gautama anhalten, denn er konnte nicht einordnen, was seine Augen sahen: Er sah einen alten Menschen. Es war ein alter Mann, der unter quälenden Gebrechen litt. Verunsichert fragte er seinen Begleiter Channa, was das denn sei? Das ist das Alter, erhielt er zur Antwort, jeder Mensch wird einmal alt. Das traf den fürstlichen Krieger tief. In seinem Palast gab es keine alten, gebrechlichen Menschen, und die Vorstellung, dass er selbst und alle, die er in ihrer jugendlichen Erscheinung lieb hatte, so enden würden, ohne dass er etwas dagegen tun konnte, machten ihn sehr traurig. Kaum zurückgekehrt, ließ ihn das Bild des gebrechlichen Alten nicht zur Ruhe kommen, und so unternahm er eine weitere Ausfahrt: Er traf nun auf einen schwerkranken Menschen, der schon längere Zeit starkes Fieber hatte: Die Augen waren hervorgequollen, er fantasierte stöhnend kaum verständliche Wortfetzen, war ganz offensichtlich im Fieberwahn. Es war der erste Mensch mit einer schweren Krankheit, den der vor Kraft und Gesundheit strotzende Gautama in seinem Leben zu Gesicht bekam, da sein Vater alles, was krank war, immer sofort aus seinem Gesichtskreis schaffte. Diese Begegnung verunsicherte Gautama noch mehr, und er strengte eine dritte Ausfahrt an. Seine dritte Ausfahrt ließ sich zunächst ganz entspannt an. Doch dann erregte etwas seine Aufmerksamkeit: Er hörte ein Summen wie von Bienen. Als sie sich darauf zubewegten, wurde das Summen immer lauter. Da bemerkte Gautama, dass in der Ferne jemand auf dem Boden lag. Sie beschleunigten ihren Schritt, und als sie ankamen, sprang Gautama vom Wagen und rannte auf den liegenden Körper zu. Das Summen war jetzt unerträglich laut, und es begann ekelerregend zu riechen. Gautama drehte den Körper herum und erstarrte vor Schreck: Es war ein verwesender Toter, sein Körper war von unzähligen, sich krümmenden Maden besiedelt. In dem kaum noch als menschlich wahrnehmbaren Körper wimmelten kleinere und größere Fliegen, Käfer, Wespen und andere Insekten. Der Verwesungsgestank, das ohrenbetäubende Summen und der grausame Anblick des Leichnams verursachten eine Schockstarre. Channa erkannte das, nahm ihn am Arm und zog ihn vorsichtig fort. »Channa«, stammelte Gautama, »was in aller Welt ist das?« Daraufhin antwortete Channa ungerührt, das sei der Tod, der uns alle einmal ereile. Damit brach die Vorstellung eines Lebens in ewiger Jugend und Gesundheit im Kreise seiner Lieben endgültig zusammen, und er fragte sich, was für ein Sinn ein glückliches Leben wie seines denn hatte, wenn es ja doch dem Untergang geweiht war. Was er im Palast nur leicht gespürt hatte, trat nun deutlich hervor, ein existenzielles Unbehagen, das Buddha später Dukkha nannte, ein Lebensgefühl, das nie aufgehoben, höchstens betäubt werden kann. Er war nun völlig verstört. Nichts, was ihm wichtig war, schien noch Bestand zu haben. Bei einer Feier im Palast sah er nur tanzende Leichen. Er spürte, wie sein Unbehagen immer größer wurde und machte sich zu seiner vierten Ausfahrt auf, es sollte seine letzte werden. Auf seiner vierten Ausfahrt traf er auf einen Bettelmönch, also das genaue Gegenteil von ihm: kein Besitz, kein begehrter junger Mann, kein kräftiger Krieger, keine Macht. Und doch ... die Erscheinung des Bettelmönchs drückte in ihrer Schlichtheit und Präsenz eine Unabhängigkeit und Freiheit aus, die in ihm eine Sehnsucht weckte, wie wenn sich ein Funken entzündet hätte, und er spürte den Willen, ein für alle Mal zu ergründen, ob es irgendetwas gebe, was nicht vergänglich wäre.

Zurückgekehrt von dieser Ausfahrt, wusste er, was zu tun war: Er packte seine Sachen, regelte die Versorgung seiner Frau und seines Sohns und verschwand aus dem Palast. Er ließ seine gesamte Habe zurück und war sechs Jahre als Bettelmönch, Asket und Einsiedler unterwegs. Er traf viele Meister und unternahm teils extreme spirituelle Praktiken, bis er eines Tages nach einer Phase des Extremfastens ausgehungert, ausgemergelt und ausgebrannt am Wegrand lag. Da kam ein Mädchen vorbei und bot ihm eine Schale Milchreis an. Gautama war unmittelbar berührt von dieser Geste und nahm die Schale an und aß. Während er noch aß, dämmerte ihm, dass ihn weder der extreme Luxus noch die extreme Askese in irgendeiner Weise weiterbrachten. Da fasste er einen letzten extremen Beschluss: Er wollte nun keine neuen Lehrer mehr aufsuchen und keine neuen Praktiken mehr erlernen, ja, gar keine Aktivitäten mehr ausführen bis auf die eine: Er setzte sich im Lotussitz unter einen großen Feigenbaum, den Bodhi-Baum, und tat den Schwur, dass er hier so lange sitzen bleibe, bis er eine Antwort auf seine Fragen gefunden habe.

Wir wissen nicht, wie lange er dort in dieser Position saß, doch das Folgende ist wieder überliefert. Irgendwann dämmerte ihm die Erleuchtung, und er sprach: »Oh, erlöst bin ich von diesem schwierigen Tun! Oh, wie gut! Erlöst bin ich von diesem schwierigen und dazu unnützen Tun! Wie gut! Beharrlich, bewusst, habe ich die höchste Erkenntnis erreicht!«[40] Und während die Götter ihre Freude zum Ausdruck brachten, trat eine Figur auf, die ihn mit milder, kalter Stimme ansprach: Es war Māra, wie im Buddhismus der Widersacher oder Verführer heißt. Māra wollte um jeden Preis verhindern, dass

Gautama erlöst werde. Erst vertrieb er die freudigen Götter, die Gautama feierten, dann verbreitete er Schrecken, indem er unwahre Schockgeschichten über Gautamas Familie erzählte. Als sich Gautama nicht erschrecken ließ, versuchte Māra ihn zusammen mit seinen drei Töchtern mit erotischen Offerten, die Gautamas tiefsten sinnlichen Wünschen entsprachen, aus der Meditationshaltung zu reißen. Doch Gautama blieb ungerührt sitzen. Da baute sich Māra spöttelnd vor ihm auf und fragte ihn herablassend: »Wer bist du, aufgeblasener Fürstensohn, der beansprucht, Erlösung unter diesem Baum erlangt zu haben?« Darauf Gautama: »Seit vielen Leben pflegte ich Tugend, Sammlung und Weisheit als den Weg zur Erkenntnis, so habe ich die höchste Reinheit erlangt, geschlagen bist du, o Tod!«[41] Darauf Māra höhnisch: »Seit vielen Leben schon? Und wer soll das bezeugen?« Gautama berührte mit der rechten Hand den Boden: »Die Erde ist mein Zeuge.« Und sogleich bebte die Erde, ein Beben, das überall auf der Welt spürbar war, und obwohl nichts zerstört wurde, war es so gewaltig, dass Māra im Innersten erschrak und verpuffte.

So wurde aus der historischen Person Siddhartha Gautama der Buddha, der Erwachte, der häufig auch den Ehrennamen Shakyamuni erhielt, also der Weise aus dem Fürstenhaus der Shakyas.[42] Was würde er nun tun? Lehren? Schweigen? Er schwieg. Nur wenn ihn jemand aufforderte, hielt er eine Lehrrede, die dann später als Sutra in den buddhistischen Kanon einging.

Ein weiterer Ehrenname Buddhas ist »Tathāgata«. Dies bedeutet wörtlich übersetzt *(einer) der in die Realität übergegangen ist*. Damit sehen wir bereits die Analogie zum Höhlengleichnis, da der Buddha von der Illusion in der ›Höhle‹ seines väterlichen Palastlebens in die Realität gelangt ist. Später wird er eine Lehrrede halten, die als *Diamant-Sutra* berühmt wurde. Im buddhistischen Glauben kann man allein durch das Lesen und Rezitieren dieses Sutras Erleuchtung erlangen, denn es ist »der Diamant, der die Illusion durchschneidet«, wie Thich Nhat Hanh erläutert. Dort finden sich auch viele Metaphern, die an das Höhlengleichnis erinnern: »Alle zusammengesetzten Dinge«, und das heißt die ganze phänomenale Welt, sei sie nun materiell oder geistig, »sind wie ein Traum, ein Phantom, ein Tautropfen, ein Blitz. So meditiert man über sie, so betrachtet man sie.«[43]

Simulationen der Wirklichkeit

In ihren Metaphern und in ihrem Grundanliegen sind sich Buddhismus und Platonische Philosophie also trotz ihrer unterschiedlichen Darstellungsweisen ähnlich: Beide behaupten, dass wir uns grundlegend über die unmittelbar wahrgenommene Welt täuschen und dass diese als Illusion erkannt und damit transzendiert werden müsse: Im Höhlengleichnis wird die illusionäre Welt durch die Höhle mit den gefesselten Menschen dargestellt, deren Leben auf einem als wirklich geglaubtem Schattenspiel beruht. In der Legende von Buddhas Erwachen wird die illusionäre Welt durch den Vater erzeugt, der seinen Sohn im Palast »fesselt« und der alles Vergängliche aus dem Palast verbannt und so jedes Leid unsichtbar macht. Der Weg zur Erleuchtung besteht immer im Verlassen der Struktur, die die Illusion erzeugt: dem Verlassen der Höhle bzw. dem Verlassen des väterlichen Palastes. Es ist frappierend, dass in unterschiedlichen Kulturen diese völlig gegen die Intuition laufende Behauptung vertreten wurde, dass wir uns in einer Art Täuschung oder Simulation befinden würden und unser bisheriges Leben auf der Basis einer Illusion verbracht hätten.

Let the Sunshine in – das Entstehen der spirituellen Szene der Gegenwart

Allein der kurze Rückblick auf Erwachenserzählungen der alten Zeit zeigt uns, wie tief der Brunnen ist, aus dem die immer gleichen Fragen nach Erwachen und Erleuchtung auftauchen. Und es ließen sich noch viele weitere Jahrhunderte und viele weitere Religionen und Philosophien dazu untersuchen. Doch wie eingangs erwähnt, geht es mir nicht um Geschichtsschreibung, sondern darum zu zeigen, dass diese Fragen nach Erwachen und Erleuchtung immer wieder seit Jahrtausenden gestellt und ganz unterschiedlich beantwortet werden. Sie gelten als »vormodern«, doch sind sie erstaunlich aktiv und aktuell. Auch heute noch stellen sich die Fragen nach der Illusion der Welt und dem, was »wirklich dahinter ist«, in derselben Intensität.

Um dies zu verstehen, können wir Ende der 1950er-Jahre ansetzen. Die westlichen Gesellschaften begannen sich damals langsam zu wandeln, und es entstanden Gruppierungen, die sich nach und nach aus kirchlichen und gesellschaftlichen Zwängen befreiten, woraus später die sogenannte 1968er-Bewegung und mit ihr eine Veränderung der politischen Kultur resultierte.

In dieser Zeit wurden Namen bekannt wie Sri Ramana Maharshi oder Sri Nisargadatta Maharaj. Bhagwan Shree Rajneesh (Osho) bewirkte einen Sog von Suchenden nach Poonah, die dort, wie etwa Peter Sloterdijk,[44] eine tiefgreifende Veränderung erlebten. Ebenfalls fand ein Austausch zwischen Japan und Europa und den USA statt, insbesondere durch Daisetsu Teitaro Suzuki, Alan Watts und Keiji Nishitani. Durch die kriegerische Annexion Tibets durch das atheistische China etablierte sich der tibetische Buddhismus nach und nach im Westen und wurde durch die Figur des Dalai Lama weltweit bekannt. Die grundlegenden Konzepte wurden an den Westen angepasst und verbreitet. Eine maßgebliche Rolle spielte hier der buddhistische Lehrer Chögyam Trungpa und dessen Schüler. Bekannt wurde der US-amerikanische Dichter und Sänger der »Beat-Generation« Allen Ginsberg, die buddhistische Nonne Pema Chödrön oder die Musikerin Joni Mitchell. Trungpa übertrug zusammen mit Francesca Fremantle das Tibetische Totenbuch ins Englische, von wo aus es ins Deutsche und weitere Sprachen übersetzt wurde. So wurden die grundlegenden Konzepte der tibetischen Bardolehre einer größeren westlichen Öffentlichkeit vermittelt. Es war eine Zeit der wilden Übergänge zwischen politischer Aktivität, Spiritualität, Musik und psychedelischer Erfahrung. So trat Allen Ginsberg mit einem Harmonium auf und sang mit seinen Zuhörern das Mantra des Avalokiteshvara *Om mani padme hum* und andere spirituelle Lieder wie eine musikalisch dargebotene Meditationsanleitung (»Do the Meditation Rock«). Auch die Übergänge von Wissenschaft und Spiritualität waren fließend, wie das Beispiel des Professorenteams Timothy Leary und Richard Alpert zeigt. Alpert wurde später unter seinem spirituellen Namen *Baba Ram Dass* bekannt. Wissenschaftlich wird heute vieles aus der damaligen wilden Zeit kanalisiert, etwa im vorhin bereits erwähnten »MBSR«, neurotheologischen Konzepten und Erwachens-Apps, die die spirituellen und religiösen Phänomene und Praktiken herausfiltern wollen, die wissenschaftlich nachgewiesen zum Wohlbefinden beitragen.

In dieser Zeit nahm der Kontakt mit anderen Kulturen und Religionen zu, und die Ethnologie wurde zu einer populären Wissenschaft. Ethnologen konnten durch ihre Forschungsmethode der teilnehmenden Beobachtung aus erster Hand von religiösen Ritualen und Lebensweisen in anderen Kulturen berichten und machten insbesondere den Schamanismus in den westlichen Ländern bekannt.[45] Viele Menschen begaben sich aktiv auf die spirituelle Suche und kehrten mit vielfältigen religiösen Praktiken und Konzepten zurück und gaben diese nun weiter. Dabei spielte das Experimentieren mit psychedelisch wirkenden Pflanzen und Pilzen, die in indigenen Kulturen genutzt wurden, eine große Rolle. Psychoaktive Substanzen aus dem Chemielabor wie das LSD folgten. Es stellte sich heraus, dass bestimmte psychoaktive Drogen die Empfänglichkeit für die »Saat des Himmels« steigern können.[46] Die so entstandenen – zum Teil extremen – Nichtigkeits- und Absolutheitserfahrungen überforderten allerdings auch viele Menschen. Sie waren »Lost in enlightenment«.[47] So kann man jedenfalls das schnelle Anwachsen der Ratgeberliteratur zum Erwachen oder zur Erleuchtung deuten.[48]

Das Licht am Ende des Tunnels ist der entgegenkommende Zug

Wie schwierig das Verarbeiten von Nichtigkeits- und Absolutheitserfahrungen in dieser Zeit war, zeigt die Geschichte des Science-Fiction-Autors Philip K. Dick (1928–1982). Dicks umfangreiches Werk wurde insbesondere durch Filmadaptionen wie *Blade Runner*, *Total Recall* oder *Minority Report* bekannt. Im letzten Interview vor seinem Tod berichtet Dick von einer einjährigen spirituellen Krise, die ihn fundamental verändert habe[49]. Diese Geschichte wurde von Robert Crumb in »The Religious Experience of Philip K. Dick« im Magazin *Weirdo* meisterhaft visualisiert.[50]

In dem Interview beschreibt Dick seine Erlebnisse detailliert: Er hatte Medikamente bestellt, und diese wurden von einer Botin der Apotheke geliefert. Als Dick die Tür öffnete, wurde er geblendet, denn Sonnenstrahlen fielen auf ein Amulett, das die Botin trug: Es zeigte einen goldenen Fisch, der in der Sonne hell leuchtete. Dick fragte nach der Bedeutung des Amuletts und erfuhr, dass der Fisch ein Symbol der frühen Christen gewesen war. Dick berichtet, dass er sich daraufhin auf einen Schlag an sein früheres Leben als Christ zur Zeit des antiken Roms erinnerte:

> »Ich sah die Welt als die Welt des apostolischen Christentums (des alten Roms), als das Fischzeichen in Gebrauch war. Es dauerte nur ein paar Sekunden.«[51]

Dick dachte zunächst, es habe sich lediglich um einen kurzen Flash gehandelt, doch dann setzte eine unaufhaltsame Transformation ein:

> »Und dann, einen Monat später, begann alles durchzusickern. Es gab keine Möglichkeit, es zurückzuhalten. Die Verwandlung trat ein und blieb ein Jahr lang. Sie blieb ein Jahr lang, von Februar '74 bis Februar '75, als ich die Welt unter dem Aspekt der christlichen Apokalypse sah.«[52]

Dick erinnerte sich zudem an viele weitere Leben, bis er schließlich Vergangenheit und Zukunft nicht mehr als Gegensätze empfand, sondern als zeitlos und ewig, als Potenzial und Manifestation. Er »erwacht« und erkennt die »ewige Wahrheit«:

> »Es war, als ob die (...) Abdeckung der Welt entfernt worden wäre und ich die Welt so sah, wie sie wirklich war. (...) Es war so, als ob die Schleier, die sie verdeckt hatten, entfernt worden waren und ich etwas sah, das jetzt wahr war und seit 2000 Jahren wahr war. Oder mehr als 2000 Jahre. Zurück in die Zeit von Daniel, zurück in die Zeit des Alten Testaments. Es war buchstäblich außerhalb von Zeit und Raum. Es war immer schon wahr. Es war eine ewige Wahrheit, wie Platons archetypische Welt, in der alles immer hier und immer jetzt war. Und so war es immer schon gewesen, und so würde es immer sein.«[53]

Im weiteren Verlauf dieses Interviews wird deutlich, dass Dick keine Gesprächspartner hatte, mit denen er sein Erlebnis teilen oder verarbeiten konnte. Durch sein großes intellektuelles Spektrum, das weitreichende Kenntnisse der abendländischen Philosophien und Religionen beinhaltete, und seine schriftstellerische Tätigkeit gelang ihm ein Leben mit diesen Erfahrungen, aber nie eine Integration.

Viele Menschen machten damals mit oder ohne psychoaktive Substanzen ähnliche Erfahrungen wie Dick und hatten nicht immer Ressourcen wie er, um diese Erfahrungen aufzufangen. Es wurden nun zunehmend Erwachenserfahrungen bekannt, die das idealisierte Bild der Erleuchtung in Frage stellten.

Die Berichte über körperliche Schmerzen und eine Todeserfahrung als Teil des Erwachensprozesses etwa bei szenebekannten Figuren wie Jiddu Kirshnamurti[54] oder Ramana Maharshi[55] zeigten die andere Seite der Erleuchtung. Über

Uppaluri Gopala Krishnamurtis sogenannte *Kalamität* wurde von ihm und seinen Begleitern ausführlich berichtet.[56] Die *Kalamität* beschreibt einen Zustand, in dem er nicht mehr in der Lage war, allein zu überleben.

Viele Menschen hatten zudem Zweifel an ihren eigenen Erleuchtungserfahrungen, da es ihnen schwerfiel, Wahnvorstellungen, religiöse Visionen und Erwachensprozesse auseinanderzuhalten: Sollte man sofort einen Arzt aufsuchen, weil man gleich wahnsinnig wurde, oder war man in der »dunklen Nacht der Seele« und durfte gerade nicht zum Arzt gehen, sondern musste durchhalten, damit man durch diesen ›Tunnel‹ zur ersehnten Erleuchtung kam? Auf solche Schwierigkeiten stießen nicht wenige Menschen, und so gründeten sich verschiedene Selbsthilfeprojekte, die sich auf die Unterstützung bei spirituellen Krisen spezialisierten[57].

Auch der Zustand »nach« der Erleuchtung wurde stereotyp als dauerndes Glück, ewige Wahrheit, Gewissheit etc. idealisiert, als Hauptgewinn im spirituellen Lotto. Berichte von Menschen, die von anderen als erwacht bezeichnet wurden, malten allerdings ein Bild, das für spirituelle Sucher kaum erstrebenswert erschien. So berichtet U.G. Krishnamurti, dass es nach seiner *Kalamität* in ihm kein Ich-bezogenes Erkennen mehr gebe, kein mit Gott verbundenes individuelles Selbst (Atman) oder Seele. Vielmehr sei alles wie »von außen gesteuert«:

> »*Hier* gibt es keinen Mittelpunkt. *Hier* ist kein Selbst oder Atman. *Hier* gibt es keine Seele. (...) Eine Gesamtheit der Gedanken und Gefühle ist nicht vorhanden. Aber in Ihnen besteht die Illusion, daß es eine Gesamtheit Ihrer Gedanken und Gefühle gäbe. Dieser Organismus reagiert auf die von außen kommenden Herausforderungen.«[58]

Die Autorin Suzanne Segal erzählte in ihrem Bestseller *Kollision mit der Unendlichkeit*, dass sie nach ihrem Erwachen in der grauenhaften Angst einer ichlosen Getrenntheit gelandet war, aus der sie sich nie ganz befreien konnte.[59]

Nach solchen Erwachensberichten gibt es also keinen vorhersagbaren Weg zur Erleuchtung und auch keine Gewissheit darüber, was uns nach der dunklen Nacht der Seele erwartet. Schlimmer noch: Das, was die Betroffenen in diesen Erwachenserzählungen erwartete, war das Absterben aller persönlichen Bindungen zur Welt und ein Leben in quälender Leere.

Und dann zogen noch die Umrisse eines ganz anderen Schattens herauf. Denn in diesen freien Gruppierungen der sich herausbildenden spirituellen Szene ab den 50er-Jahren zeigten sich ähnliche Probleme wie in den traditionellen religiösen Institutionen: Eitelkeiten, Machtmissbrauch, Privilegien und Heiligenverehrung kamen nun ans Tageslicht. Nach und nach wurden lang zurückliegende und in der Folge auch neuere Fälle von Missbrauch bekannt, die einige selbstermächtigte Lehrer und auch buddhistische Lehrer betrafen.[60] Sie machen deutlich, wie verletzlich emotional offene, vertrauensvolle Menschen sind, wenn sie Hilfe bei der Verarbeitung von Nichtigkeits- und Absolutheitserfahrungen suchen.

Happy Erleuchtung

Nach den Berichten über die vielfältigen Schwierigkeiten und Abgründe, die moderne Sucher und Sucherinnen auch erwarten können, wirkt die berühmteste Erleuchtungsgeschichte unserer Zeit, nämlich die von Eckhart Tolle, als würde sie aus den goldenen Zeiten Hollywoods stammen. Sie enthält alle Zutaten für einen erfolgreichen Film mit Happy End.[61] Und so sieht die Erwachenserzählung Eckhart Tolles aus, wenn wir sie unter dramaturgischen Gesichtspunkten betrachten.

Das Setting: Wir beginnen mit der Figur des Ulrich Leonard Tölle, der das Leben eines Durchschnittsbürgers führt. Doch wird dieser geplagt von Schwierigkeiten: emotionale Kämpfe, jahrelange Nichtigkeitserfahrungen, Zustände von Hoffnungslosigkeit und Depression:

> »Bis zu meinem 30. Lebensjahr lebte ich in einem Zustand fast ununterbrochener Angstgefühle, unterbrochen von Phasen lebensmüder Depression.«[62]

Zuspitzung: Dann spitzt sich die Krise in der *dunklen Nacht der Seele* zu und steuert auf den ersten Wendepunkt hin:

> »Eines Nachts, nicht lange nach meinem neunundzwanzigsten Geburtstag, erwachte ich in den frühen Morgenstunden mit einem Gefühl absoluten Grauens. Ich war schon oft mit einem solchen Gefühl aufgewacht, aber diesmal war es intensiver als je zuvor. Die Stille der Nacht, die vagen Umrisse der Möbel im dunklen Zimmer, das entfernte Geräusch eines vorüberfahrenden Zuges – alles fühlte sich so fremd an, so feindselig und so absolut bedeutungslos, dass in mir ein tiefer Abscheu vor der Welt entstand. Und das Abscheulichste von allem war meine eigene Existenz. Welchen Sinn machte es, mit dieser Elendslast weiterzuleben? Warum diesen ständigen Kampf weiterführen? Ich konnte fühlen, dass die tiefe Sehnsucht nach Auslöschung, nach Nicht-Existenz jetzt wesentlich stärker wurde als der instinktive Wille weiterzuleben.«

Twist: In dieser tiefen Nichtigkeitserfahrung erfolgt der erste Twist: eine Art Todeserfahrung.

»›Ich kann mit mir selbst nicht weiterleben.‹ Dieser Gedanke kreiste endlos in meinem Verstand. Plötzlich wurde mir bewusst, was für ein sonderbarer Gedanke das war. Bin ich einer oder zwei? Wenn ich nicht mit mir selbst leben kann, dann muss es zwei von mir geben: das ›Ich‹ und das ›Selbst‹, mit dem ›Ich‹ nicht mehr leben kann. ›Vielleicht‹, dachte ich, ist nur eins von beiden wirklich. Ich war so fassungslos über diese seltsame Erkenntnis, dass mein Verstand anhielt. Ich war bei vollem Bewusstsein, aber es waren keine Gedanken mehr da. Dann fühlte ich mich in eine Art Energiewirbel hineingezogen. Zuerst war die Bewegung langsam, dann beschleunigte sie sich. Ich wurde von heftiger Angst ergriffen, und mein Körper begann zu zittern. Wie aus dem Inneren meiner Brust hörte ich die Worte: ›Wehre dich nicht!‹ Ich fühlte, wie ich in eine Leere hineingesaugt wurde. Es fühlte sich an, als sei die Leere in meinem Inneren, nicht außen. Plötzlich war keine Angst mehr da, und ich ließ mich in dieser Leere hineinfallen. Ich habe keine Erinnerung daran, was danach geschah.«

Suspense: Was geschah danach? Die Szene nach dem Twist löst die aufgebaute Spannung dann auf: Es handelt sich um ein Erwachen, und zwar eines, das als Erfahrung von Neugeborensein und Verbundenheit präsentiert wird. Bei Tolles Erwachen entstehen daraus große Glücksgefühle, wie er berichtet:

»Ich wurde vom Zwitschern eines Vogels draußen vor dem Fenster geweckt. Nie zuvor hatte ich einen solchen Klang gehört. Meine Augen waren immer noch geschlossen, und ich sah das Bild eines kostbaren Diamanten. Ja, wenn ein Diamant ein Geräusch machen könnte, dann würde sich das so anhören. Ich öffnete meine Augen. Das erste Licht der Morgendämmerung sickerte durch die Vorhänge. Ohne jeden Gedanken wusste ich, fühlte ich, dass es über das Licht unendlich viel mehr zu erfahren gibt, als wir ahnen. Diese weiche Helligkeit, die durch die Vorhänge sickerte, war Liebe selbst. Tränen stiegen mir in die Augen. Ich stand auf und ging im Zimmer umher. Ich erkannte das Zimmer, und doch wusste ich, dass ich es nie zuvor wirklich gesehen hatte. Alles war frisch und unberührt, als ob es gerade erst entstanden wäre. Ich nahm einige Dinge in die Hand, einen Bleistift, eine leere Flasche, voll Wunder über die Schönheit und Lebendigkeit von allem. An diesem Tag ging ich in der Stadt umher, voller Staunen über das Wunder des Lebens auf der Erde, so als wäre ich gerade erst in diese Welt hineingeboren worden.«

Suspense: Doch dann entsteht eine Gefahrensituation, neue Spannung kommt auf, denn es folgt eine Art Kalamität, wie wir sie eben am Beispiel von U.G. Krishnamurti gehört haben: Tolle fällt aus der illusionserzeugenden Struktur und damit auch aus allen sozialen Strukturen, er hat kein Geld, keine soziale Bindung, keine Ziele, keine Pläne, kein Handeln, sitzt stundenlang auf Parkbänken herum. Tolles sozial entbundenes, planloses Sitzen auf Parkbänken *könnte* in den sozialen Abstieg führen – oder sogar in die totale Hilflosigkeit wie bei Ramana Maharshi, der »nach« seinem Erwachen gefüttert werden musste, um zu überleben.

»Ich hatte keine Beziehungen, keine Arbeit, kein Zuhause, keine sozial definierte Identität. Ich verbrachte fast zwei Jahre auf Parkbänken sitzend in einem Zustand intensivster Freude.«

Stattdessen der letzte **Twist zum Happy End:** Aus dem von Angstzuständen geplagten Durchschnittsbürger Ulrich Leonard Tölle ist nach mehreren Verwandlungen »bevor ich mich versah« der spirituelle Lehrer Eckhart Tolle geworden, der fortan lehrt, wie auch andere Menschen erwachen können, und sich nun aufmacht, die Erde und die Menschheit zu erretten.

In dieser Erzählung hat Tolle sowohl die illusionäre Welt aufgelöst und lebt sein Leben aus grenzenlosem Mitgefühl. Eckhart Tolle bezieht sich dabei ausdrücklich auf das Christentum: Sein neuer Name, Eckhart Tolle, ist eine Verehrungsgeste gegenüber dem Theologen und Dominikanerpater *Meister Eckhart*, einem bekannten Mystiker des Mittelalters, der in deutscher Sprache predigte und dafür von der Inquisition verfolgt wurde. Für Eckhart Tolle beginnt nun der Lebensabschnitt, der bis heute andauert: eine Karriere als spiritueller Lehrer, der von Millionen verehrt wird, und auch Millionen durch immer neue Formate (Retreats, Tolle-TV, Webinare, Massenveranstaltungen) verdient. Damit ist diese Erwachensgeschichte nicht nur ein Nachweis seiner Autorität als selbstermächtigter Lehrer, sondern zugleich ein Beispiel, das für viele suchende Menschen erstrebenswert erscheint: alle inneren Konflikte hinter sich lassen, kurz in einem Schlund verschwinden und als erwachter glücklicher Mensch zum ersten Mal wieder von Neuem einen Vogel hören, der nun »wie ein Diamant« klingt. Dann sich ohne Arbeit abseits vom Getriebe der Welt die Zeit glückselig auf Parkbänken vertreiben, bis wie von selbst Menschen auf einen zukommen, die das Geheimnis ihres seligen Lächelns wissen wollen und die anfangen, den vom Suchenden zum Lehrer Verwandelten zu verehren – um fortan ganz leicht und wie von selbst in Verehrung, Anerkennung und finanziellem Wohlstand zu schweben.

Eckhart Tolle wurde mehrfach zur spirituell einflussreichsten Figur der Gegenwart ernannt, das bestätigen auch seine Verkaufszahlen, die Zahl der Übersetzungen und die ausverkauften Großveranstaltungen. Er ist zur Ikone der neuen selbstermächtigten, informellen Religiosität geworden. Er ist für viele Menschen ein Spender von Sinn, Trost und aktiver Lebenshilfe. Daher ist Eckhart Tolle ein guter Zugang, um zu erforschen, wie Sinnfindung in unserer modernen – von multiplen Krisen geprägten – Zeit funktioniert. Im nächsten Kapitel werden wir uns ihm nähern, um herauszufinden, was er anbietet und wie wir dies einschätzen können.

4 Erwachen in der spirituellen Szene

»Ich habe mir so eine Art religiösen Frankenstein gezimmert. Ich nehme also von jeder Religion das, was am besten zu meinen spirituellen Bedürfnissen passt.«

Maurizio Cattelan[63]

Eine teilnehmende Beobachtung im Eckhart-Tolle-Retreat »Jetzt oder nie!«

Mulmige Anreise

»Obwohl ich jahrzehntelang in analytischer Beobachtung geschult war, dachte ich plötzlich, ich würde gleich schizophren. Der Versuch, eine distanzierte Beobachterposition einzunehmen war anstrengend und schmerzhaft, es fühlte sich in ganz grundsätzlicher Weise falsch an und war mit großer Angst verbunden. Auch hatte ich das Gefühl, so das Wesentliche zu verpassen. Ich beendete die teilnehmende Beobachtung noch bevor ich sie richtig begonnen hatte. Der Abbruch war das einzig Mögliche.«

Ich habe in meinen Unterlagen diese alte Feldnotiz gefunden, die ich vor vielen Jahren geschrieben hatte. Es war mein erster und gescheiterter Versuch, im Feld spätmoderner Religiosität eine teilnehmende Beobachtung durchzuführen. Das ist fast zehn Jahre her, und doch wird mir mulmig zumute, als ich diese Notiz jetzt, im Oktober 2019, wieder lese, während ich im Bahnhof Berlin-Gesundbrunnen sitze, in der »Wiener Feinbäckerei«. Ich habe über eine Stunde Aufenthalt, bevor es weitergeht zu einem nächsten Versuch, spätmoderne Religiosität als Teilnehmer und Beobachter zu erleben. Deshalb fahre ich auch mit gemischten Gefühlen dorthin. Auf der bisherigen, siebenstündigen Zugfahrt habe ich noch etliches an ethnologischer Literatur gelesen, insbesondere die hervorragenden Arbeiten von Thomas Stodulka. Seine Idee ist es, den Beobachtungen des Forschenden eine Tiefendimension zu geben, indem dieser auch ein Emotionstagebuch führt. Dies kann dann mit den weiteren Daten aus Archiven, Interviews oder Feldnotizen kombiniert werden. Die Lektüre verschafft mir eine gewisse Sicherheit, und mittlerweile freue ich mich auch, es noch einmal zu versuchen.

Doch ich habe auch große Zweifel: Ginge es nur um die reinen Fakten, wäre die Geschichte schnell erzählt. Eine Person namens Eckhart Tolle schreibt zwei Bücher, mietet ein Hotel und erzählt gegen Eintritt vier Tage lang über Themen, die in seinen Büchern stehen. Danach gehen alle wieder. Das allein wäre nichts, was eine Feldforschung begründen würde. Jedoch hat Tolle wenige Tage zuvor in der ausverkauften Grugahalle in Essen gesprochen. Und die Veranstaltung, zu der ich jetzt fahre, war bereits kurz nach Ankündigung mit 1100 Teilnehmern ausgebucht. Und so frage ich mich, wer sind diese 1100 Menschen? Warum kommen sie? Wer ist derjenige, der Menschen mit seinen spirituellen Büchern und Auftritten in solchen Massen anzieht? Und warum hat seine Art der Spiritualität solche Anziehungskraft?

Um so viele Menschen in Bewegung zu setzen, braucht es auf jeden Fall jemanden mit Charisma. Ich habe im Vorfeld bereits einige Texte von Eckhart Tolle genauer betrachtet und kenne Bilder und Videos von ihm. An Charisma würde man zunächst nicht denken, Aussehen und Habitus sprechen eher eine Sprache von fast schon biederer Normalität. Und trotzdem wurden seine Bücher in 52 Sprachen übersetzt und in zweistelliger Millionenhöhe aufgelegt. Aber Charisma hat ja nicht zwangsläufig mit dem Aussehen oder Gebaren zu tun, sondern mit besonderen, oft ins Übermenschliche gehenden Fähigkeiten: Im Christentum waren es die mit Gottesgaben wie Zungenreden oder Heilung Gesegneten, die in die Zukunft blicken konnten. Sie hatten Offenbarungen, also »Berufungen« wie die 828-Passagiere in *Manifest*, doch anders als in der Serie waren ihre Offenbarungen für die christliche Gemeinde richtungsweisend. In der profanen Bedeutung heißt Charisma lediglich, dass eine Person eine besondere Ausstrahlung und auch Anziehungskraft besitzt, wobei etwas Geheimnisvolles aus der ursprünglich religiösen Bedeutung immer mitschwingt. Wird ein Führungs- oder Herrschaftsanspruch erhoben, dann muss der Charismatiker nach dem Soziologen Max Weber seine »übernatürlichen« oder übermenschlichen oder zumindest »außeralltäglichen« Eigenschaften durch Erfolge nachweisen, sodass sein Charisma stets unter Bewährungszwang vor seinem Publikum steht. Zeigt sich in seinem Wirken nichts Außeralltägliches mehr, geht sein Stern unter. Was sind nun diese außeralltäglichen Fähigkeiten Eckhart Tolles, die sich immer wieder vor großem Publikum bewährt haben? Mit diesen Gedanken und Fragen nehme ich den Zug in Richtung Mecklenburgische Seenplatte zu dem Hotel, in dem das Retreat »Jetzt oder nie!« stattfinden soll.

Heilige Hallen – es geht los

Beim Einchecken im Hotel erhalten wir eine Farbcodierung: ein Band, das fest um das Handgelenk fixiert wird, wie es auch von Musikfestivals bekannt ist. Jeder Farbe entspricht eine Preiskategorie, und jeder Preiskategorie entspricht ein Areal von Sitzreihen: je näher an der Bühne, desto teurer. Ich habe eine mittlere Kategorie gebucht. Ich gehe in der Eingangshalle herum und entdecke das Programm, das an einem Whiteboard aushängt: Es beginnt mit einem Abendvortrag Eckhart Tolles um 20 Uhr, dann folgen zwei Tage mit je einem Nachmittags- und einem Abendvortrag und schließlich der Abschlussvortrag am Morgen des letzten Tages. Eine Besonderheit: Die Lebenspartnerin Eckhart Tolles, Kim Eng, ist mit zwei Vorträgen ebenfalls Teil des Programms. Außerdem bietet sie einen »Qi-Flow-Yoga«-Kurs an (»Presence Through Movement«), der zusätzlich gebucht werden musste, was ich aber nicht getan habe. Neben dem Programm hängen die »Regeln für das Retreat«. Erste Regel:

> Bitte ehrt die Retreathalle als Heiligtum.

Das hört sich nach dem plumpen Versuch einer religiösen Institutionalisierung an. Eine Kirche ist ja tatsächlich ein sakraler Raum: Er wurde von den dazu autorisierten und ausgebildeten Personen nach einem kodifizierten Ritual geweiht. Dies gibt es hier natürlich nicht, deshalb ist die Verehrung so wichtig, denn die Teilnehmenden sakralisieren die Halle durch ihre Verehrung, die sie ihr entgegenbringen. Die Veranstaltungshalle des Hotels, in der ansonsten die »Dessous Dinner Shows« stattfinden und reihenweise Mottopartys (»Schlagerparty«, »Mexikanische Nacht«), wird nur für die Zeit der Veranstaltung zur geweihten Retreathalle und damit ein Teil des Außeralltäglichen.

Dann geht es schon los. Einlass ist eine halbe Stunde vorher, ich denke: »Ich komme mal ein paar Minuten früher, das kann nicht schaden.« Doch als ich ankomme, sehe ich bereits eine Riesenschlange. Als die Türen dann geöffnet werden, drücken wir uns durch die drei Schleusen hinein. Die Stuhlreihen sind mit Farbkarten markiert, die unseren Handbändern entsprechen, überall stehen Helfer herum und weisen uns je nach unserer Farbe ein. Das Thema »Welchen Platz bekomme ich?« spielt eine Positionierungsrolle für die Teilnehmenden: Eigentlich kann ein Eckhart-Tolle-Retreater nicht als jemand auftreten, der gegenüber anderen einen Platz beansprucht und sich darüber »emotional verstrickt«. Wie aber mit offensichtlichen Vordränglern umgehen? Später höre ich, dass insbesondere die vorderen Reihen von »Platzräubern« aufgesucht werden, auch gibt es im Verlauf der Zeit immer wieder »kreative« Formen des Vordrängelns wie »Ich will nur schnell meinen Mantel aufhängen«, um dann an der Garderobe und der Schlange entlang doch durch den Halleneingang zu gehen. Auch dürfte der Platz eigentlich keine Rolle spielen, da es einer spirituellen Präsenz sicher nicht auf ein paar Meter ankommt, da sie ja jenseits von Raum und Zeit sein soll. Aber irgendwie sind die *vorderen* Plätze in den mittleren Blocks schon gut ... Auch hier ist das Spiel des Außeralltäglichen, das Charisma, bereits in Gang gesetzt, denn die Nähe zu Eckhart Tolle verspricht auch ein stärkeres Spüren seiner Präsenz.

Dann sitzen wir alle und können nun die Bühne genau sehen: Ihr Hintergrund ist in blaues Licht getaucht, ansonsten ist sie relativ leer: In der Mitte steht auf einem braunen Teppich ein gut gepolsterter brauner Stuhl und ein kleiner, dunkelbraungold glänzender Tisch. Auf dem Tisch dann ein bunter Strauß Herbstblumen in einer Vase, eine Flasche Wasser und ein halbgefülltes Glas, zwei Mikrofone, eine kleine Zimbel und eine Box mit Papiertaschentüchern. An beiden Seiten des Bühnenrands steht je eine große Vase mit Blumen. Am vorderen rechten Bühnenrand stehen noch drei Stühle. Es entsteht ein bisschen Rätselraten, was es damit auf sich hat. Können die Teilnehmenden hier später Fragen stellen?

In dem Moment betritt der Veranstalter die Bühne, Joachim Kamphausen, der Leiter von Kamphausen Media, ein freundlicher älterer Herr, der mit dem ersten Buch von Eckhart Tolle einen großen Coup gelandet hat und dessen Bielefelder Verlag sich in den letzten Jahren durch Zukäufe anderer spiritueller Verlage einen wichtigen Platz in dieser Nische verschafft hat.[64] In seiner Begrüßung weist er auf die »Regeln« hin und löst auch gleich das Rätsel der drei Stühle auf: Die drei Stühle seien für »die Präsenzhalter« reserviert. Präsenzhalter? Ein neues Rätsel. Das Wort »Präsenzhalter« ist eine Wortneuschöpfung, die nur in dieser Szene vorkommt. Zwischen Einlass und Beginn des Vortrags sollen also ab morgen drei sogenannte Präsenzhalter auf der Bühne sitzen. Einer, Brenden, ist aus dem Organisationsteam und bei ihm können sich Menschen melden, die ebenfalls dort sitzen möchten. Brenden wählt dann die beiden weiteren aus. In Tolles Buch *Eine neue Erde* taucht der Begriff »frequency holder« auf, der in der deutschen Ausgabe mit »Frequenzerhalter« übersetzt wird. Es soll sich dabei um Menschen handeln, die nicht im Vordergrund stehen, durch ihre Präsenz jedoch eine wichtige Rolle spielen:

> »Sie haben die Funktion, die Frequenz des neuen Bewusstseins fest auf dieser Erde zu verankern. Deshalb nenne ich sie die Frequenzerhalter. Sie sind dazu da, durch ihre Alltagsaktivitäten, in Interaktion mit anderen ebenso wie durch ihr

bloßes Sosein Bewusstsein zu schaffen. Auf diese Weise geben sie dem scheinbar Unbedeutenden einen tiefgreifenden Sinn. Ihre Aufgabe besteht darin, Weite und Stille in diese Welt zu bringen, indem sie bei allem, was sie tun, voll gegenwärtig sind. Das, was sie tun, ist von Bewusstsein durchdrungen und daher von hoher Qualität, selbst die einfachste Verrichtung. Ihr Sinn und Zweck ist es, alles in heiliger Art zu tun.«[65]

Es ist nicht ganz klar, ob die Präsenzhalter in unserer Veranstaltung nun das Gleiche sind, sie sollen jedenfalls schon im Vorfeld des Vortrags eine stille und »heilige« Atmosphäre verbreiten und das Trubelige im Publikum dämpfen.

Der erste Auftritt: Was ist Erwachen, und warum sollten wir uns darum bemühen?

Eckhart Tolle betritt die Bühne und wird mit viel Applaus empfangen. Er spricht sehr langsam, als würde er abwarten, was als Nächstes an Worten hervorkommt, doch zur Sache kommt er gleich: »Das Freiwerden vom zwanghaften Denken. Ohne in Schlaf zu verfallen oder Unbewusstheit. Aus diesem Grunde sind wir hier.« Dies ist das Thema seiner Bücher und auch der Vorträge in den nächsten Tagen. Tolle nimmt an, dass menschliches Leid im Wesentlichen auf einem großen Missverständnis beruht. Er meint, dass wir unter »zwanghaftem Denken« leiden und dies hinnehmen, weil wir denken, dass das bei Menschen nun mal so ist. Tolle nennt das eine »Identifikation« mit dem Denken. Als Ziel formuliert er einen Bewusstseinszustand der Stille, der Denken nur entstehen lässt, wenn es als Werkzeug gebraucht wird. Ein Denken, das sich von allein in Bewegung setzt und unkontrollierbar weiterdreht, soll damit ein für alle Mal der Vergangenheit angehören. Allein das klingt für viele Menschen bereits attraktiv, die unter ihren Grübeleien leiden. In der Alltagssprache hat sich dafür der Ausdruck »Gedankenkarussell« eingebürgert, das sich insbesondere vor dem Einschlafen bemerkbar machen kann und dann den Schlaf raubt. Jeder, der einmal versucht hat, seine nächtliche Gedankenmaschine wieder abzuschalten, weiß, dass das nicht einfach ist. Könnte Tolle sein Versprechen, ungewolltes Denken ein für alle Mal zu beenden, einlösen, dann wäre das schon »außeralltäglich«.

Davon ausgehend, entwickelt Tolle eine These über die Ursache unkontrollierbarer, quälender Gedankenaktivitäten. Er weist dabei auf eine Einsicht hin, auf die wir bereits im zweiten Kapitel gestoßen waren: Nach Helmuth Plessner leidet der Mensch ja nicht unter einem Mangel an Sinn, sondern an einem Überschuss. Er erlebt und erlebt zugleich auch sein Erleben. Diese »Doppelung« befähigt das menschliche Lebewesen dann zwar zu großartigen kulturellen Leistungen, hat aber den Preis, dass sich seine Reflexionsfähigkeit in unaufhörlichen Gedankenverschachtelungen verlieren kann. Dies wird von Eckhart Tolle auf die Formel der »Stimme im Kopf, die ständig etwas zu sagen hat« gebracht, die Kommentare und Sorgen verbreite: »Man braucht sie nicht zu fragen, was denkst du? Nein, sie sagt, was sie denkt, die Stimme.« Dabei lacht er amüsiert und beginnt die »Stimme« nachzuahmen, lässt sie auf der Bühne lebendig werden. Er wechselt dabei in die Ich-Erzählung und bringt einen Sprechgestus hervor, der bei vielen ein Wiedererkennen eintreten lässt. Wir nehmen dadurch teil am inneren Prozess einer Person, die von der »Stimme im Kopf, die ständig etwas zu sagen hat« beherrscht wird:

»Es ist nicht so gelaufen, wie ich es geplant hatte, als ich 19 und 20 Jahre alt war. Ich hätte mir das auch anders vorgestellt, sagen viele Menschen. Warum musste das geschehen? Warum hätte ich nicht bewusstere Eltern haben können? Ich hatte keine Chance mit *den* Eltern. Oder: Wenn ich diesen Mann, diese Frau nicht geheiratet hätte, dann wäre alles gut gegangen. Aber jetzt ist es zu spät. Ich habe schreckliche Fehler gemacht. Ich glaube nicht, dass ich noch da aus diesem Chaos meines Lebens herauskommen werde. Es ist furchtbar. Ich muss noch mehr darüber nachdenken. (Gelächter) Vielleicht, wenn ich lange genug darüber nachdenke, wird vielleicht eine Lösung plötzlich erscheinen. (Gekicher) Oder einem anderen darüber erzählen. (Gekicher) Ja, sagt die andere Person. Ich verstehe, ich verstehe Sie sehr gut, Frau Meier. Auch ich habe furchtbar gelitten. (Lachen) Ich habe sicher mehr gelitten als Sie. (Lachen) Hören Sie mal meine Geschichte. (lautes Gelächter).«[66]

Immer wieder laufen Wellen von Gelächter und Gekicher durch den Saal, die sich abwechseln mit ernsten Passagen.

Seine Auffassung stützt Eckhart Tolle zunächst auf den Buddhismus oder genauer gesagt: auf Buddha – als wäre er direkt in Kontakt mit Buddha selbst. Er führt die buddhistische Lehre des Nicht-Selbst an, die damals eine revolutionäre Abgrenzung zum hinduistischen Glauben darstellte, der ein (unpersönliches) Göttliches – brahman – annahm, das sich in jeder Person als absolutes Selbst oder Seele – ātman – wiederfinden lasse. Da der Buddha daran scheiterte, ein solches absolutes Selbst zu finden, vertrat er die Auffassung, dass es ein solches Selbst nicht gebe – anātman. Das, was wir als zentrales Selbst, als »Ich«, wahrnehmen, ist damit ein bloßes Konstrukt. Für dieses Konstrukt hat sich in vielen spirituellen, religiösen, aber auch buddhistischen Strömungen der Begriff »Ego« herausgebildet. Der wesentliche Teil der buddhistischen Übung besteht wie vorhin ausgeführt darin, sich von diesem illusionären Gedanken- und Gefühlskonstrukt nach und nach zu befreien.[67]

Im Weiteren stützt sich Eckhart Tolle dann auf die christliche Religion – aber auch hier wieder *direkt auf Jesus*, der gesagt haben soll »Verneine dich selbst«[68] und mit »dich selbst« eben genau das »Ego« bzw. das »falsche Selbst« gemeint habe, um das es gerade eben im Vortrag gehe. Eckhart Tolle fängt also gar nicht bei der Bibel an, sondern bei Jesus direkt, als wüsste er genau, was Jesus gesagt und gemeint hatte, fast so als sei er selbst der Christus oder ein Prophet.

Und so ist bereits nach einer knappen Viertelstunde ein Denkmodell entstanden, das die Ursache menschlichen Leids und seine Erlösung enthält. Plausibel macht er dies mit den Autoritäten Buddha und Jesus: Buddha sagt, Leid entsteht durch die Annahme eines Selbst, und Jesus sagt, wir werden daraus erlöst, wenn wir dieses Selbst überwinden.

Hinzu kommt etwas sehr Wesentliches: Betrachtet man die Art und Weise, wie er redet, fällt auf, dass er die Worte sehr langsam spricht, mit zum Teil langen Pausen. Grammatisch gesehen, besteht die gesamte Ansprache aus nur wenigen, sehr, sehr langen Sätzen. Es wirkt, als hätte sich Eckhart Tolle lediglich einem großen, langsam fließenden Bewusstseinsstrom geöffnet, der sich nun wie von selbst sein Flussbett sucht und findet. Dies spürt das Publikum, und das ist das, was sich auch durch die Veranstaltungen hindurchzieht.

Nach Tolle gibt es für die Überwindung des Egos, und damit die Erlösung aus dem menschlichen Leid, einen Weg und der heißt Präsenz oder Gegenwartsbewusstsein. Und das lebt er in diesem Moment live in Form eines einfachen Durchschnittsmenschen auf der Bühne vor Tausenden von Leuten. Er trifft damit ein Bedürfnis, das den Saal erfüllt: das Bedürfnis nach Unmittelbarkeit. Diese Unmittelbarkeit ist es, die Eckhart Tolle verkörpert – mit seinen langen, langsam, mit vielen Pausen gesprochenen, scheinbar nicht enden wollenden Sätzen wie bei einem von Hermann Broch erzählten Bewusstseinsstrom, aus dem ein klares, einfaches Modell entsteht, wie Leid in die Welt kommt und wie einfach es behoben werden kann. Und darin besteht auch sein Charisma, dass er als leiblich präsente Verwirklichung eines höheren Selbst erscheint, und sich dem Publikum Sekunde für Sekunde zur Prüfung ausliefert. In diesem Sinne ist Eckhart Tolle ein Prophet, der unmittelbar aus der transzendenten Quelle im Inneren zu schöpfen scheint und dies direkt an das Publikum weitergibt. Er ist allerdings kein Prophet einer Religion, er ist ein Prophet der Selbstermächtigung. Seine Botschaft lautet: »Du kannst es selbst tun, du musst es selbst tun, an den alten Institutionen vorbei.« Denn folgst du den alten Institutionen, so könnte man hinzufügen, bist du wie die Samariterin, die sich immer wieder Wasser aus dem Brunnen holt und doch ewig durstig bleibt nach dem »lebendigen Wasser«.[69]

Bei Eckhart Tolle nehmen wir an einer Art von Live-Streaming des Göttlichen teil: Wir erleben, wie sich etwas Transzendentes in einer Person namens Eckhart Tolle veräußert. Eine Person, die in ihrer biederen Erscheinung signalisiert: »Ich bin nicht besonders, ich bin wie du, ich bin dir nahe, und doch trennen uns durch das, was sich in meinem Innern abspielt, Welten. Doch ich gebe dir einen Geschmack davon, was du erreichen kannst und wie du es erreichen kannst.«

Doch wie können die Menschen im Publikum dies erreichen? Immerhin hat er ja mit seiner Schrift *Jetzt! Die Kraft der Gegen-*

wart einen *Leitfaden zum spirituellen Erwachen* angeboten.[70] Darauf sind alle jetzt gespannt.

Gegen Ende des Eröffnungsvortrags hören wir eine neue Metapher, die sich auch durch seine weiteren Vorträge bis zum letzten Tag hindurchziehen wird. Es ist die *Metapher des Kreuzes*. Er führt dazu eine horizontale Dimension – das Weltliche – und eine vertikale Dimension – das Spirituelle – ein, und schon ist das Kreuz fertig. Mit der Kreuzesmetapher fängt Tolle nun an zu spielen, sodass sich jeder fragen kann: »Bin ich nur auf der weltlichen Ebene mit der Organisation des Alltags beschäftigt oder auch in der vertikalen Dimension verankert? Stimmt das Verhältnis für mich?« Durch die Kreuzesmetapher gewinnt die spirituelle Ebene nun Alltagsrelevanz. »Bin ich jetzt«, frage ich mich, »doch in einer christlichen Veranstaltung gelandet?«

Mit diesen Fragen und Überlegungen gehe ich schlafen, denn der Vortrag endet, ohne viel vom Leitfaden hin zum spirituellen Erwachen gehört zu haben.

Zu Tisch mit Astrologinnen

Am nächsten Tag findet der Vortrag von Eckhart Tolle erst nach dem Mittagessen statt. Dieses besteht aus einem Büfett mit dem typischen Effekt: aufladen, aufladen, aufladen. Das Essen eher mittelmäßig, eher Kantinenessen. Der Restaurantbereich ist ziemlich voll, ich gehe an einen Tisch, an dem an der linken Seite noch zwei Plätze frei sind. Rechts neben mir und gegenüber sitzen bereits zwei Frauen. Ich frage, ob noch frei ist, sie bejahen. Wir wünschen uns dann zwar einen guten Appetit, mampfen aber eher so vor uns hin. Als ich mit meinem Nachtisch vom Büfett komme, sitzt noch eine weitere Person bei uns, die sich auf den freien Platz mir gegenüber gesetzt hat. Sie ist deutlich kommunikativer und fragt auch gleich, wo wir so herkämen. Es stellt sich heraus, dass die Frau neben mir aus Hamburg kommt, die Frau mir gegenüber ist eine gebürtige Rostockerin, die jetzt in Berlin lebt, und die Frau schräg gegenüber kommt aus einer Stadt in Mecklenburg hier ganz in der Nähe. Ich erzähle, wo ich herkomme, und wir unterhalten uns etwas über meine weite Anfahrt. Ich hatte mir vorgenommen, offen über meine Rolle als teilnehmender Beobachter und mein Forschungsinteresse zu sprechen, und so bringe ich es hier ein. Es stößt aber auf wenig Interesse, es gibt keine Nachfragen. Stattdessen beginnt etwas Small Talk über die Teilnehmenden, dass sie alle nicht mehr so ganz jung sind, »so 35 aufwärts«. Es werden Erklärungen dafür gesucht, und jemand meint, dass man dann schon bestimmte Erfahrungen gemacht habe, und dass ja auch Eckhart Tolle in seinen späten Dreißigern seine Krise und sein Erwachen gehabt habe. »Wie alt ist der eigentlich jetzt?«, fragt mich meine Tischnachbarin gegenüber, und ich antworte: »Siebzig«. Wir unterhalten uns auch über Yogamatten und die Unterkünfte und schließlich stellen die beiden Frauen mir gegenüber fest, dass sie ein gemeinsames Interesse haben, nämlich die Astrologie. Beide sind Astrologinnen, die eine schon langjährig ausgebildet und praktizierend, die andere gerade in der Weiterbildung. Die mir gegenüber sitzende Tischnachbarin aus Rostock macht vedische Astrologie, eine Astrologie, von der ich vorher noch nie gehört hatte, aber zumindest kann ich mir die Bedeutung aus den Einzelwörtern zusammenreimen. Die neben ihr sitzende Frau aus Mecklenburg sagt, dass sie damit auch angefangen habe und erzählt weiter, dass sie jetzt eine ganz andere Form von Astrologie mache, »Astro Polarity« von Peter Henzler, das habe sie in Berlin gelernt. Die Mecklenburgerin ist von Beruf Reinkarnationstherapeutin und bietet »Rückführungen« an. Beide finden das, was sie machen, sehr spannend und unterhalten sich angeregt. Ich schalte mich irgendwann wieder ein und sage, dass ich von vedischer Astrologie noch nie was gehört habe. Die beiden sind ganz erstaunt, als ob ich hinterm Mond leben würde. »Ja«, sage ich dann, um nicht ganz so dumm dazustehen, »tibetische Astrologie kenne ich, aber vedische, das kenne ich nicht. Und das, was du machst, mit der Astra Polarität« – ich spreche es falsch aus, musste es später erst noch googeln – »davon habe ich überhaupt noch nie gehört.« Ich mache noch irgendwelche Bemerkungen über die beiden als »Expertinnen«, was sie ja tatsächlich sind, aber irgendwie komme ich mir doch unbeholfen vor. Denn wenn Astrologie mehr als ein Gesellschaftsspiel sein soll, dann muss ich sagen, dass ich sehr mit ihr fremdle. Ich bin mit professionellen Astrologinnen befreundet, die wirklich die nettesten Menschen sind, und Paul Feyerabend hat die Astrologie ja auch provokativ als eine Wissenstradition gleichberechtigt zu den Naturwissenschaften behandelt.[71] Aber dennoch: Mit der Astrologie, wenn sie ernsthaft daherkommt, werde ich einfach nicht warm. Ich versuche, mich nochmals als wissenschaftlicher Feldforscher zu outen, aber es geht unter, denn es setzt der allgemeine Aufbruch ein, da die Schlange vor dem Vortragssaal sich schon zu formieren beginnt.

Der zweite Auftritt: Anleitung zum Erwachen

In seinem zweiten Vortrag führt Eckhart Tolle dann das aus, was alle seit gestern schon mit Spannung erwarten: Wie kann ich in meinem Alltagsleben erwachen? Wie kann ich die »Illusion des falschen Selbst« erkennen und mich von diesem »ewigen Denken« erlösen und frei leben? Wie kann ich die Verbindung zwischen der »vertikalen« und der »horizontalen« Ebene in meinem Leben herstellen?

Tolle verdeutlicht die Lösung zunächst mit einer Geste: Er hebt seinen linken Arm mit offener Hand zum Publikum und bewegt den Arm dann leicht nach hinten. Mit dieser Geste hat er den Raum vor unser aller Augen geteilt und das Konzept des »Hintergrunds des Gewahrseins« etabliert. Er hat so die vertikale Ebene, ohne Worte zu benutzen, eingeführt. Dazu sagt er:

> »Es ist notwendig zu denken (...) auf der horizontalen Ebene des praktischen Lebens. Aber wir verlieren uns nicht vollkommen im Denken. Da bleibt dann immer noch ein (...) Hintergrund des Gewahrseins, des Räumlichen.«

Wie man bei Problemsituationen die Verbindung zu dieser »Tiefendimension«, wie er es auch nennt, herstellen kann, hatte er gestern bereits gezeigt. Nun fordert er dazu auf, sich *dauerhaft* darin zu etablieren. Wir sollen dies im ›normal laufenden‹ Leben zur alltäglichen Praxis zu machen, bis es zur selbstverständlichen Normalität wird, bis es also habitualisiert ist. Ein Weg, um dies zu erreichen, ist, nach Tolle, sich auch Alltagsdinge als Teil des absoluten Seins bewusst zu machen. Er gibt dann Anleitungen dazu, wie man die Spiritualität von Alltagsdingen wahrnehmen kann. Er mache das auch selbst, sagt er, und führt dies an verschiedenen Gegenständen vor, bis hin zur Zahnpasta. Im Saal scheinen dies alle in ihrer Vorstellung nachzuvollziehen, alle scheinen ausgiebig das Brötchen, die Kaffeetasse etc. in ihrem Inneren zu betrachten ... Menschen, die auf Zahnpasta starren. Ja, das wäre eine echte Entschleunigung des Alltags, letztlich ein ganz anderer Alltag, ein »wiederverzauberter« Alltag. Und als alle noch ihren entschleunigten Alltag nachvollziehen, folgt eine Passage, bei der Tolle wie bei einer geführten Imagination oder, vielleicht besser gesagt, wie bei der Herbeiführung einer Trance,[72] nach und nach von der entschleunigten Betrachtung allgemeiner alltäglicher Dinge dazu übergeht, wie wir diese wahrnehmen können, ohne sie zu benennen. Er führt so allmählich diesen nun schon mehrfach genannten »Hintergrund« ein, der unpersönlich, ohne Sprache einfach da sei, aber dennoch alles an Sinneseindrücken, Wahrnehmungen und Dingen ermögliche. Tolle unterscheidet dazu eine phänomenale Welt von einer nicht-phänomenalen Welt und nutzt dabei Martin Heideggers[73] Wortschöpfung »Ek-sistenz«. *Ek-sistenz*, meinte Heidegger, käme vom lateinischen Verb *ek-sistere*, also *heraus-stehen*, das Manifeste, das aber immer mit dem Sein verbunden sei. Tolle nutzt dies, um die Welt der Phänomene mit Heideggers Begriff der »Ek-sistenz« zu verbinden. So ist das, was »heraussteht«, das, was sich manifestiert, was Form besitzt, die Welt der Phänomene immer schon mit dem Sein verbunden. So eröffnet sich nun ein Weg, auf dem Tolle zu dem kommt, was nicht manifest ist, was formlos hinter den Formen sein soll, dem *Sein*. Dies geschieht in einer ganz gemächlichen Art, mit vielen Pausen. Nach und nach führt er die Teilnehmenden zur »Quelle alles Seins« und damit zur Möglichkeit einer Absolutheitserfahrung:

> »Du bist hier als eine Person, du existierst, ich existiere als eine Person, aber in der Tiefendimension existiere ich nicht als eine Person, in der Tiefendimension des zeitlosen Bewusstseins bin ich. Dann bin ich das, was allen Dingen ermöglicht zu sein. Und in dem Stadium bin ich das nicht konditionierte Bewusstsein. Und dann bin ich verbunden mit der Quelle alles Seins, der Quelle aller Intelligenz, der Quelle alles Seins – die Quelle,

nicht nur meine, ich existiere gar nicht –, ich existiere anscheinend als ein getrenntes Wesen, aber in Wirklichkeit bin ich mit allem verbunden. Mit dem Leben, mit dem gesamten Kosmos bin ich eins. Und das erfahre ich, das erkenne ich in der Dimension des Seins. Und (…) das zu erkennen in sich ist wohl das Wichtigste im menschlichen Leben.«

Der sprachliche »Trick« liegt darin, dass Tolle das Pronomen »Ich«, das beim alltäglichen Sprechen zur Selbstbezugnahme verwendet wird und üblicherweise nur die gerade sprechende Alltagsperson meint, nun an absolute Kategorien anschließt: Die Wahrnehmung eines getrennten »Ich« ist die Illusion, aus der ich erwachen muss. Dann kann ich in der »Tiefendimension« entdecken, dass ich nie von der »Quelle alles Seins« getrennt war.

In diesem gemächlichen, fast hypnotischen Redefluss besitzen diese Worte eine suggestive Kraft, denn dort, wo man bisher nichts wahrgenommen hatte, kann man nun *etwas* wahrnehmen, die eigene Evidenz sagt einem in diesem Moment plötzlich, dass diese Verbindung besteht. Und ganz langsam passiert mit mir etwas, was in der Feldforschung »Going native« genannt wird. Ich werde vom teilnehmenden Beobachter nach und nach zum Teilnehmer. Und bin dann, wie es so schön heißt, »für die Wissenschaft verloren«. Ich bekomme Angst, dass ich zum ›Geisterjäger‹ werde. Vor meinem inneren Auge taucht die Szene aus *Ghostbusters* auf, in der Dekan Yeager, Fachbereichs-Chef einer ungenannten US-amerikanischen Eliteuniversität, ins Labor des dort arbeitenden Parapsychologie-Professors Dr. Venkman (gespielt von Bill Murray) platzt und dort alles ausräumen und abtransportieren lässt. Als Dr. Venkman nach einer Begründung fragt, hebt Dekan Yeager an:

»Ihre Theorien sind die übelste Art von Populärschund. Sie arbeiten mit schlampigen Methoden und äußerst zweifelhaften Schlussfolgerungen. Sie sind ein armseliger Wissenschaftler, Dr. Venkman. (…) Für Sie ist kein Platz in dieser Fakultät oder auf dieser Universität.«[74]

Würde das jetzt immer weitergehen und ich am Ende als Eckhart-Tolle-Jünger mein Forschungsfeld verlassen? Ich schrecke auf und sehe, dass der Vortrag beendet ist. Ich gehe auf mein Zimmer und schreibe an meinen Feldnotizen und meinem Emotionstagebuch. Ich hatte das von Thomas Stodulka entwickelte Emotionstagebuch bereits zu Beginn des Kapitels kurz erwähnt. Es beinhaltet verschiedene Fragen zur Selbstbestimmung im Feld im Verlauf einer teilnehmenden Beobachtung[75]:

Zur Frage »Wer oder was hat mich heute beeindruckt oder überrascht?« halte ich fest:

»Ja, das war das, was ich vorher schon geschrieben habe, dass ich trotz meiner Distanz heute eigentlich ›drin‹ war, dass es mich irgendwie gepackt hat und dass er mich auch erreicht hat. Und dass es aber meinen grundsätzlichen Status und meine grundsätzliche Idee, diese Feldforschung zu machen, in keiner Weise tangiert hat, es gab keine Konflikte, jedenfalls spüre ich keine, im Gegenteil ich habe eher das Gefühl, dass es genau gut so ist, wie es ist.«

Und meine Eintragung zur Frage »Das bin ich hier im Feld (als Skizze oder Beschreibung)«:

»Ich bin im Feld drin und kann es doch beobachten, denn meine Beobachtung ist kein ärztlicher Blick, sondern eher der Blick eines Gorillas im Nebel, der sich mit dem Blick Dian Fosseys verbündet.«

Diese Eintragungen beruhigen mich etwas, offensichtlich ist der Beobachter noch nicht verschwunden. Danach schaue ich, dass ich vor dem Abendvortrag noch etwas zu essen bekomme.

Der dritte Auftritt: Apokalypse oder kollektives Erwachen

Die Moderation zum Abendvortrag von Eckhart Tolle übernimmt wieder der Veranstalter, Herr Kamphausen. Er betont noch einmal, dass der Veranstaltungssaal »geheiligt« werden solle, und verweist dabei auf die draußen plakatierten »Regeln für das Retreat«. Insbesondere hatten sich wohl Leute beschwert, dass es ihnen zu laut sei zwischen Einlass und Beginn des Vortrags – trotz der drei Präsenzhalter. Der Veranstalter weist uns auch auf die Säuselmusik hin, die in dieser Zwischenzeit läuft, eine sogenannte »meditative Musik«, die den Hintergrund ausfüllt und eine bestimmte Atmosphäre verbreiten soll. Parallel dazu findet eine Diashow statt, meistens Naturbilder, zum Beispiel die Großaufnahme eines Vogels oder sonstige Naturaufnahmen, die jeweils mit einem Spruch Eckhart Tolles unterlegt sind. Also ähnlich den Internet-Memes und den draußen herumliegenden Postkarten. Der Veranstalter weist in seiner Anmoderation dann auch auf eine Lichtinstallation an der Decke hin, die zu seinem Bedauern aber nicht wie geplant funktionieren würde, sodass sie nicht groß auffalle. Daher sollten wir einmal nach oben schauen. Tatsächlich kann man bei genauem Hinsehen erkennen, dass hier ein Projektor blaue und weiße Streifen und Flecken projiziert, wobei die weißen Flächen sich bewegen.

Das Ganze soll Wolkenbewegungen am Himmel darstellen. Dies gehe auf den ausdrücklichen Wunsch Eckhart Tolles zurück, und auch wenn es jetzt kaum wahrnehmbar sei, sei es sehr aufwendig gewesen, und daher habe er jetzt extra noch einmal darauf hingewiesen. Ich denke, »Oh, auf Wunsch Eckhart Tolles?« und bekomme ein schlechtes Gewissen, da ich diese Installation nun wirklich bescheiden finde. Doch nicht nur ich, viele Teilnehmenden schauen mit mir hoch zur Decke und überlegen wahrscheinlich, was wohl der tiefere Sinn von Eckhart Tolles Wunsch nach dieser – man muss es so sagen – mickrigen Installation an der Decke sein mag. Da werden wir aus unseren Gedanken gerissen, denn Eckhart Tolle betritt die Bühne, und die Veranstaltung beginnt. Für heute wurde eine Fragezeit angesetzt, die nach einigen einleitenden Worten beginnt. Gefragt wird nach dem »Schmerzkörper«, einem Schlüsselbegriff seines Ansatzes. Tolle führt dazu aus, dass der Schmerzkörper aus einer Sedimentierung abgelehnter, unbewusst gewordener Emotionen bestehe. Dass Emotionen, wenn sie abgelehnt werden, Probleme machen können, ist natürlich die Arbeitsgrundlage jedes psychotherapeutischen Ansatzes. Was bei Tolle aber hinzukommt, ist die Personifizierung der abgelehnten Emotionen zu einer Art Eigenwesen. Er hat dies in seinem ersten Buch *Jetzt. Die Kraft der Gegenwart* genau beschrieben:

> »Diese Ansammlung von Schmerz ist ein negatives Energiefeld, das deinen Körper und deinen Verstand besetzt. Wenn du es dir als ein unsichtbares Wesen mit seiner eigenen Persönlichkeit vorstellst, dann kommst du der Wahrheit ziemlich nahe. Das ist der emotionale Schmerzkörper.«[76]

Dieser verselbstständigte Schmerzkörper hat einen Überlebenswillen. Er kann nur überleben, wenn ein Mensch ihn fälschlicherweise für sich selbst hält, sich mit ihm »identifiziert«. Dann beginnt der Schmerzkörper sich »Nahrung« zu beschaffen und zu wachsen. Als Nahrung benötigt er Schmerzen oder allgemein »negative Energie« wie Abwertung oder Kränkung, die er anderen oder sich selbst zufügt, um sich die so entstehende »negative Energie« zur eigenen Stärkung einzuverleiben. Der Schmerzkörper ist wie eine Art Schatten eines Menschen, der aktiv oder ruhend sein kann. Ist er einmal aktiv, kann er aggressiv und sogar gewalttätig werden. Tolle spricht auch davon, dass der Schmerzkörper »süchtig« nach Schmerz und Drama sei. Ist er mit Schmerz und anderer negativer Energie ›gesättigt‹, legt er sich ›schlafen‹, bis er wieder hungrig wird und alles wieder von vorn losgeht. Der Schmerzkörper kann das destruktive Spiel der Verletzung auch mit den eigenen Gedanken beginnen und zum bösen Ende führen. Beispielsweise ergreift der hungrige Schmerzkörper die Initiative und fängt an, über sich nachzugrübeln, diese Nachgrübeleien wollte er eigentlich abstellen, und so ärgert er sich über sich und seine ständigen Grübeleien. Er fängt an, sich abzuwerten, dass er nicht einmal die einfachsten Sachen schafft und wie wenig Selbstbewusstsein er doch hat, was weitere negative Gefühle erzeugt: So bereitet sich der Schmerzkörper eine nahrhafte Mahlzeit. Diese sich selbst verstärkende Spirale hat jedoch kein festgelegtes Ende und kann bis zur völligen Verzweiflung führen. Für den betreffenden Menschen ist der Punkt der ›Sättigung‹ des Schmerzkörpers dann ein sehr schmerzvoller und unglücklicher Zustand. Diese Dynamik erinnert an Plessners selbstbezügliche Konstruktion des Menschen, die exzentrische Positionalität, in einer ihrer schlimmsten Ausformungen.

Doch Eckhart Tolle weiß den Weg zur Befreiung vom Schmerzkörper, den er nun ausführlich darstellt: Der erste und wichtigste Schritt sei aus seiner Sicht, den Schmerzkörper bereits im Ansatz zu erkennen. Man muss dazu üben, seine Gedanken und Gefühle danach zu unterscheiden, ob sie guttun, oder ob sie einen in diesen destruktiven Kreislauf schmerzender, verletzender Gefühle und Gedanken hineinziehen. Habe ich einmal Gedanken und Gefühle als für den Schmerzkörper ›nahrhaft‹ erkannt, kommt es auf das Timing an: Die Unterbrechung muss aus der Sicht von Tolle möglichst beim ersten Gefühl oder beim ersten Gedanken ansetzen, denn wenn die sich selbst verstärkende Schmerzspirale erst einmal begonnen hat, ist ein Unterbrechen kaum noch möglich. Erkenne ich aber den drohenden Gedankenkreislauf, genügen meine Aufmerksamkeit und meine Gegenwärtigkeit, um die destruktive Kaskade zu unterbrechen. Durch diese Unterbrechung entsteht eine beobachtende Distanzierung, die Zeugenperspektive. Wenn es gelingt, diese Zeugenperspektive aufrechtzuerhalten, wird die Identifikation mit dem Schmerzkörper nachhaltig durchtrennt, und der Schmerzkörper und das damit verbundene reaktive Verhalten lösen sich auf. Eine vollständige Auflösung des Schmerzkörpers ist nach Tolle möglich, sie kann aber längere Zeit in Anspruch nehmen.

Auf diesem Weg kann also, nach Eckhart Tolle, das von ihm verkündete Ziel, das Erwachen, erreicht werden. Doch geht es ihm nicht nur um das individuelle, sondern auch um das kollektive Erwachen. Denn das individuelle Erwachen sei nur ein Beitrag für etwas viel Größeres. Die Menschheit müsse nämlich einen evolutionären Sprung zu einem »neuen Bewusstsein« schaffen, sonst drohe in kurzer Zeit ihr Untergang. Um dabei zu helfen, diesen Sprung zu schaffen, sei er spiritueller Lehrer geworden. Ausführlich hat er dies in seinem zweiten Buch *Eine neue Erde. Bewusstseinssprung anstelle von Selbstzerstörung*[77] dargelegt. Dies führt er auch an diesem Abend aus: Seine eigene Evolutionstheorie – eine Mischung aus Nietzsches Übermensch, mythologischen Erzählungen vom »Goldenen Zeitalter« und vom »Paradies« – teilt die Menschheitsgeschichte in 3 Evolutionsphasen.

Evolutionsphase 1:
Das Paradies; unbewusst, aber glücklich

Tolle führt aus, dass die Evolution den Menschen hervorgebracht habe, der zunächst friedlich in und mit der Natur lebte. Es gab ein Ich, aber kein »Ego«. Daher seien die menschlichen Lebewesen zwar unbewusst, aber glücklich gewesen.

Evolutionsphase 2:
Die Vertreibung aus dem Paradies; bewusst, aber unglücklich

Nach Tolle trat dann aus ungeklärten Gründen ein Bewusstseinssprung ein: das reflektierende und emotionalisierende Denken entstand.[78] Durch dieses neue selbstreflektierende Bewusstsein tauchten nun jene emotional-kognitiven Strukturen auf, die er »Ego« und »Schmerzkörper« nennt. Die Menschen wurden bewusst aber unglücklich, denn die eben ausgeführte Dynamik des Schmerzkörpers führt ja zu immer mehr Verletzung, Schmerz und Gewalt. In der Moderne hätten Wissenschaft und Technik das Zerstörungsarsenal vervielfacht und allgemein zugänglich gemacht. In den Händen einer mittlerweile »egoischen« Menschheit hätten sich die Gewalt an Menschen, Tieren und anderen Lebewesen sowie die Zerstörung bislang ausbalancierter Ökosysteme zu einer langsam vor aller Augen stattfindenden Katastrophe entwickelt, sodass nun ein großer

Teil der Menschheit traumatisiert und der Planet Erde selbst in ernster Gefahr sei. Es bleibe nun nur noch die Entscheidung Tod oder Weiterentwicklung durch kollektives Erwachen.

Evolutionsphase 3: Eine neue Erde; bewusst und glücklich

»Jetzt« sei ein Punkt in der Evolution erreicht, an dem eine völlige Zerstörung der Menschheit und des Lebens auf dem Planeten Erde möglich sei, und deshalb müsse man die Ursache bekämpfen, und dies sei eben das emotional aufgeladene Gedankenkonstrukt, das wir als unsere wahre Identität ansähen, und die er »Ego« nennt. Dieses Ego ist also ›der Widersacher‹, der überwunden, ja, sterben muss, um aus der Illusion dieses falschen Ichs zu erwachen. Würden genügend Menschen erwachen, würde der kollektive Sprung zu einem neuen Bewusstsein gelingen, in dem menschliche Lebewesen sowohl bewusst als auch glücklich sind. Das Paradies auf Erden. Es wäre eine »neue Erde«, eine Formel, die Tolle aus dem Kapitel 21 der Offenbarung des Johannes entnommen hat.[79]

Als diese Worte so aus dem Mund dieses allein vor über tausend Menschen sitzenden Durchschnittsbürgers wie von selbst strömen, langsam und gemächlich, aber offensichtlich völlig überzeugt, entfalten diese Sätze im Saal und tatsächlich auch bei mir eine gewisse Wirkung. Mir fällt dazu ein Gedicht von Rumi in der Übersetzung von Friedrich Rückert[80] ein, das ich vor vielen Jahren einmal auswendig gelernt hatte:

»Wohl endet Tod des Lebens Not,
doch schauert Leben vor dem Tod.
Das Leben sieht die dunkle Hand,
den hellen Kelch nicht, den sie bot.

So schauert vor der Lieb ein Herz,
als wie von Untergang bedroht.
Denn wo die Lieb erwachet, stirbt
das Ego, der dunkele Despot.
Du, lass ihn sterben in der Nacht,
und atme frei im Morgenrot.«

Erst viel später habe ich bemerkt, dass bei Rückert gar nicht »Ego«, sondern »Ich« steht. Und ich kann mir vorstellen, dass durch die offene Sprache Eckhart Tolles sich viele Menschen im Saal mit ihren ganz unterschiedlichen Hintergründen auf je ihre Weise an das Gesagte andocken konnten.

So werden die Teilnehmenden in eine historisch einmalige Situation versetzt, eine Weggabelung für die Menschheit und die Erde, Untergang oder Rettung in letzter Sekunde. Und jetzt fügen sich alle Konzepte, die Eckhart Tolle bislang von sich gegeben hat, zu einem Ganzen zusammen: Wir, die Anwesenden in diesem Saal, sind nun genau diejenigen, die den Weltuntergang in letzter Sekunde abwehren können und müssen, um die Menschheit auf eine höhere evolutionäre Entwicklungsstufe zu transformieren. Und zwar, indem wir einfach erwachen, und Erwachen heißt ja nichts anderes als einfach präsent zu sein, und alles, was uns im Weg steht, ist das Ego, und das Ego beseitigen wir, indem wir den Schmerzkörper auflösen, und den Schmerzkörper lösen wir auf, indem wir uns den Schmerzkörper bewusst machen, Beobachter werden, Zeuge werden, gegenwärtig im Schmerz sind. Wir hier in dieser heiligen Halle können, wenn wir das Retreat verlassen, als »Weisheitslehrer« an Ort und Stelle wirken und unsere gute, ja, heilige Arbeit tun, denn wir sind mit dem Uranfang verbunden, der der Grund jeder Religion ist.

Halleluja!

Tischgespräche: Trennungen

Heute Morgen, beim Frühstück, setze ich mich an einen freien Platz. Ich sehe, dass auf dem Stuhl gegenüber eine Jacke mit Pelzkragen hängt. Als ich mit meinem Frühstücksei zurückkomme, sitzt an dem Platz ein etwa 30-jähriger Mann mit schwarzen Haaren und Bart. Wir begrüßen uns freundlich und kommen nach und nach ins Gespräch. Er heißt Stanimir, aber ich soll ihn Stani nennen.[81] Ich stelle mich ebenfalls vor. Stani ist gesprächig und erzählt mir, dass er sich von seiner Freundin getrennt hat: Die beiden wollten eigentlich gemeinsam hierher fahren, weil sie dachten, dass es ihnen und ihrer Beziehung vielleicht guttut. Eigentlich habe sie die Initiative ergriffen, und er wäre bloß mitgegangen. Jetzt sei er eben alleine da, weil sie sich dann doch getrennt hätten. Er ist Bulgare, der in Deutschland Informatik studiert und dann in der Schweiz gelebt hat. Nach seinem letzten Job in der Informatikbranche, in der er, wie er sagt, »bis zum Anschlag« gearbeitet habe, sei er ausgestiegen. Er hatte die Vision, in seinem Heimatland Bulgarien eine Permakultur aufzubauen. Er habe dort bereits Land gekauft und angefangen dieses Land zu bearbeiten, er habe auch schon Wasser gefunden. Ein sehr großes Areal direkt am Schwarzen Meer. Stani fragt mich auch, was ich mache, und ich erzähle, dass ich an der Universität als Sprach- und Kulturwissenschaftler arbeite und Eckhart-Tolle-Forschung mache. Ich bereite mich innerlich schon darauf vor, ihm zu erzählen, dass ich hier eine teilnehmende Beobachtung mache, und bin schon gespannt auf seine Reaktion und seine Fragen. Doch er sagt nur »Ja«, und schaut mich dabei leicht amüsiert an, als sei ich eine ähnliche Kuriosität wie irgendein Ufo-Forscher, »unglaublich, das gibt's?«. Ich versuche noch einmal, meine teilnehmende Beobachtung ins Gespräch zu bringen, aber das scheint ihn überhaupt nicht zu interessieren, und es geht dann wieder um andere Themen. Irgendwann setzt sich eine Frau zu uns, die sich später als Petra aus Schleswig-Holstein vorstellt. Sie ist gebürtige Bayerin, hat Kunst studiert und arbeitet jetzt, wie sie sagt, als Geschichtenerzählerin. Später im Gespräch sagt sie, wie das mit dem Geschichtenerzählen funktioniert. Sie war eigentlich Künstlerin, Malerin, und hat Medienkunst studiert. Sie habe aber immer Schwierigkeiten gehabt, ihre inneren Bilder, die sie intensiv und deutlich vor sich sehe, auch zu malen oder zu zeichnen, um damit eine Ausstellung machen zu können. Sie habe dann aber entdeckt, dass sie ihre inneren Bilder mit Worten gut beschreiben könne. Und so sei ihre Art, Geschichten zu erzählen, entstanden: Ihre klaren, inneren Bilder male sie nicht, sondern beschreibe sie mit Worten. »Dann ist es«, sage ich zu ihr, »ja doch Kunst oder Poesie oder eine intermediale Kunst, da du eine Kunstform, die inneren Bilder, in eine andere Kunstform, die poetische Sprache, übersetzt.« Wir kommen dann auf das Retreat zu sprechen. Sie hat eine persönliche Frage an Eckhart Tolle, auf die wir nun in unserem Gespräch kommen. »Meine Frage ist ...« – mitten im Satz, als sie gerade die Frage formuliert, bemerke ich, was eine der Leistungen dieses Retreats ist, die mir gerade jetzt in diesem Gespräch vor Augen geführt wird: Es handelt sich um eine Sprache, mit der spirituelle Erfahrung thematisiert werden kann, die aber nicht vollständig religiös ist, denn sie ermöglicht es für viele religiöse oder auch nicht-religiöse Menschen, sich gemeinsam über ihre spirituellen Erfahrungen und Aktivitäten zu verständigen. Diese Sprache ist in gewissem Sinn psychologisch, aber nicht in irgendeiner fachlichen Weise. Sie ist nicht als eine psychologische oder psychiatrische Fachsprache gemeint. Es handelt sich um ›Küchenpsychologie‹ im besten Sinne. Diese Sprache befähigt Menschen, sich trotz unterschiedlichster Wissenshintergründe unkompliziert unterhalten zu können, eine Art spirituelles Esperanto. Mit der Sprache, die Tolle in seinen Büchern und in diesem »Retreat« entwickelt hat, können existenzielle Fragen und Erfahrungen überhaupt erst einmal in Worte gefasst werden. Nach diesen Sekundengedanken bin ich wieder zurück bei Petras Frage: Die Frage also, die sie ihm stellen will, ist, wie sie sich »in der horizontalen Ebene besser verankern« kann. Sie sagt, sie habe das Problem zwar in den letzten Wochen während der Trennung von ihrem Mann durch eine Reinkarnationstherapie und ein Trauerritual weitgehend bewältigt. Aber es bleibe eben die Frage nach mehr Stabilität in der horizontalen Dimension. *Vertikalität* und *Horizontalität*, ja, das waren Begriffe, die Tolle mehrfach verwendet hatte und die uns jetzt zur Verfügung stehen, um über unsere Lebenserfahrungen zu sprechen. Die sich ergänzenden Wörter Vertikalität und Horizontalität wurden natürlich nicht von Tolle erfunden. Es sind feststehende Begriffe der Religionslinguistik.[82] Aber in unserem Gespräch waren sie eben keine Fachwörter, sondern lebendige Sprache für die alltägliche Erfahrung: Wie kann ich die Dimensionen der Vertikalität und Horizontalität verbinden? Wie kann ich also die Transzendenz oder das Leben aus dem Sein verbinden mit dem weltlichen Leben mit seinen dauernden Stresssituationen, den kleinen Erfolgen und Misserfolgen, den größeren, mittleren und kleineren Unglücken, den Widerfahrnissen des Lebens, kurz, dem alltäglichen, menschlichen Elend? Petra beschreibt ihre Lebensgeschichte so, dass sie durch die Reinkarnationstherapie erfahren habe, dass sie später als ihr Zwillingsbruder zur Welt gekommen sei und sich erinnert habe, dass sie bereits im Mutterleib nicht auf die Welt kommen wollte oder noch verbleiben wollte. Dass sie dort bereits eine Lichterfahrung gehabt habe, die so schön gewesen sei, dass sie dort verweilen wollte und deshalb auch verspätet geboren wurde. Aus ihrer Erzählung geht aber auch hervor, dass beide Kinder zu früh auf die Welt kamen und im Brutkasten waren. Sie sei als Kind häufig abwesend gewesen, was sie selbst allerdings nicht als Abwesenheit, sondern als in Kontakt mit der »spirituellen Ebene« empfunden habe. Als »Kontakt mit dem Licht«. »Interessant«, meine ich dann, »das ist ja wie die Geschichte von Eckhart Tolle, nur umgekehrt: Er hat ganz in der horizontalen Dimension gelebt und erst in seiner Krise die vertikale Dimension entdeckt und dann nach und nach in sein Leben integriert.« Sie sei sozusagen in der Verbindung mit der vertikalen Dimension auf die Welt gekommen und habe immer Probleme gehabt, die horizontale Dimension zu integrieren. Das leuchtet ihr ein, und so können wir uns auf diese Weise noch eine Zeit lang unterhalten. Tatsächlich geht das ganze Gespräch sicherlich eine gute Stunde. Ein weiterer Punkt zum Verankern mit der horizontalen Ebene ist ihr Wunsch, von ihrer Profession als Geschichtenerzählerin auch materiell leben zu können. »Du brauchst also ein Geschäftsmodell«, denke ich, sage es aber nicht. Ich hätte ihr auch gern von mir erzählt, was ich hier eigentlich mache, dass ich Religionslinguist bin und hier eine Feldforschung durchführe, und hätte auch gerne alle ihre kritischen Fragen beantwortet. Doch auch sie interessiert sich nicht dafür.

Aus meinem Emotionstagebuch: Going native

Am dritten Tag bemerke ich an mir einige Veränderungen. Dazu habe ich Folgendes in meinem Emotionstagebuch festgehalten:

1. Psychologische Dimension: Was muss ich jetzt unbedingt aufschreiben? Ein unerwarteter Aspekt ist in mein Leben getreten, da ich mir ganz konkret überlege, wie ich das, was mit Vertikalität bezeichnet wird, in meinem Leben umsetzen will. Ich merke auch, dass ich plötzlich selbst die Tolle-Sprache benutze. Ich rede von Vertikalität, Tiefendimension, Präsenz und so weiter, was außerhalb dieser Szene erst mal keine oder eine völlig andere Bedeutung hat. Ich habe seit dem Frühstück heute eine Wandlung festgestellt, dass ich wie ein Teilnehmer auftrete, ich müsste besser sagen, dass ich Teilnehmer geworden bin. Ich frage nicht mehr, »Woher kommst du? Wie bist du hergekommen? Was machst du so?«, sondern steige in Gespräche ein über das Ego und wie es sich im alltäglichen Leben auswirkt, über den Schmerzkörper und wie man am besten damit durchs Leben kommt. Es macht Spaß, mit diesen Begriffen die Welt einzuteilen und zu sortieren. Ich kann mir viele meiner alltäglichen Probleme erklären und auch auf plausible Lösungen kommen. Dabei habe ich immer das Gefühl, in der zeitlosen transzendenten Dimension oder leerer Formlosigkeit verankert zu sein, die unverrückbar ist. Nach dem Mittagessen ging es dann so weiter, wieder munter über Tolle-Begriffe geredet, heute Abend war dann der Höhepunkt mit den anderthalb Stunden Gespräch mit Hans und Sabine, er Heiler und sie niedergelassene Ärztin an der Ostsee. Wir reden über Gott und die Welt, Seminarkonzepte zu Eckhart Tolle, Heilung, Empathie, mit Gefühl Politik machen, Ost und West. Als ich ihnen erzählte, was ich als Sprachwissenschaftler eigentlich mache, fielen mir wieder neue Aspekte für die Beobachtung ein: Ich habe erzählt, wie eine Art neue Sprache entsteht, die einerseits sehr stark abweicht von religiöser Sprache, auf der anderen Seite aber transzendente Erfahrungen einbezieht. »Wie Tolle gesagt hat, die Not ist groß«, meinte Hans. Ich habe dann gleich verschiedene Wörter bestimmt, die nur bei Tolle so verwendet oder sogar von ihm geprägt wurden: Schmerzkörper, Präsenz, Gegenwärtigkeit, Ego etc.

2. Epistemische Dimension:

2.1. Welches Gefühl beschreibt mich heute am besten? Ist dieses Gefühl an eine bestimmte Situation oder Person geknüpft? Ein Gefühl ist sicherlich: »erfüllt« sein. »Erfüllt« war ein Wort, das heute Sabine geäußert hat, das Paar, mit dem ich mich heute Abend unterhalten habe. Das trifft es eigentlich ganz gut, erfüllt sein, und auch ergriffen sein, er hat mich heute tatsächlich richtig aufgestört.

2.2. Wer oder was hat mich heute beeindruckt oder überrascht? Beeindruckt, ja, hat mich dieses Aufstörende, was mir klargemacht hat, dass ich trotz allem Elend schon ganz schön im ewigen zeitlosen »Jetzt«, ja, eigentlich nicht »verankert« bin, denn wo sollte ich da einen Anker festmachen können, sondern einfach bin.

2.3. Das bin ich hier im Feld (als Skizze oder Beschreibung) Ich bin Teilnehmer geworden, der Beobachtende ist so gut wie untergegangen, obwohl Beobachtungen stattfinden. So schreibe ich viel mit in den Sitzungen, da man leider keine Aufnahmen machen darf. Und ich beobachte nach wie vor gemäß den Aufgaben, die ich mir gestellt habe, zum Beispiel zu schauen, wie er Selbsttranszendenz herstellt, wie er unsere Nichtigkeit durch die Einbettung in ein großes Ganzes aufhebt. Und der Witz war dann ja: dass es mich genau in dem Moment, als ich aufgeschrieben habe, wie er das macht – mit dieser großen Geste, dass wir uns jetzt entscheiden müssen, ob die Welt untergeht oder wir, hier die Anwesenden im Saal, durch unseren Beitrag die Welt in letzter Sekunde gerade noch retten – dass es mich, obwohl ich es gerade schwarz auf weiß auf meinem Block zu Papier bringe, was hier gerade vor sich geht, dass es mich *trotzdem* getroffen hat.

Der Kampf um die Nummer 4040

In der Mittagspause gehe ich zum Bücherstand. Ich sehe, dass sich in der Postkartenauslage ein bisschen was getan hat, und will meine Sammlung ergänzen. Es gibt jetzt nach dem Yoga-Kurs von Kim Eng zum Beispiel viel mehr Yoga-Postkarten, die gestern noch nicht auslagen. Außerdem wird gerade neu nachgelegt, neue Memes mit Jetzt-Botschaften und Bildern. Ich habe natürlich alle eingesammelt. Am Bücherstand gibt es auch Neuigkeiten. Eine Meditationsbank steht zum ersten Mal da. Gestern gab es schon Meditationskissen. Und jetzt: Eine Meditationsbank mit Fell. Ich frage, ob ich ein Foto machen darf. Ich darf und habe ein super Foto von dieser Fellbank. Daneben steht der Pianist, der am letzten Abend spielen soll. Er gesellt sich dazu und präsentiert sich als eine Art »Eckhart Tolle der Tasten«, der »Jetzt«, »Sein«, »Erwachen« etc. als Musik ausdrücke. Er bietet eine Reihe von speziellen Programmen an, die Programmhefte habe ich alle eingesammelt. Ich gehe dann weiter um den Bücherstand herum bis zu den Tolle-Büchern. Mich hat schon gestern interessiert, warum derselbe Text, nämlich *Jetzt!* von Eckhart Tolle, warum dieser Text in ganz unterschiedlichen Fassungen existiert, obwohl es immer derselbe Text ist. Ich bekomme ein Gespräch mit, neben mir steht ein Mann, vielleicht um die 40. Er fragt: »Diese Bücher sind doch in limitierter Auflage erschienen?« Er deutet auf einen Stapel roter Bücher vor mir. »Ja.«, sagt die Frau vom Stand, »das ist richtig.« – »Wie hoch ist die Auflage?« – »7000.« – »Wo sehe ich, welche Nummer genau mein Buch hat?« Die Frau schlägt eine Seite auf: »Das steht hier drin.« Und tatsächlich steht in dem Buch die Nummer 4040. Der Mann stutzt und sagt: »Ja, ich überlege, weil mein Vater ist am 4.4.40 geboren. Aber da sind ja jetzt genau die Zahlen vertauscht. Es müsste doch eigentlich dann 0404 sein.«

Ich denke: »Ok, das ist doch eigentlich genau die Zahl, die zum Geburtstag seines Vaters passt. Was macht er jetzt?« Eine völlig wahnwitzige Interaktion, ich denke: »Wenn der das Buch nicht kauft, muss *ich* das kaufen.« Der Mann überlegt noch eine Weile und sagt: »Ja, mein Vater hat das ja eigentlich schon, aber wenn ich die richtige Zahl in der Auflage hätte, würde ich es ihm noch mal schenken.« Er fragt die Verkäuferin am Stand: »Ich kann jetzt aber nicht alle eingeschweißten Bücher aufmachen und mir eine Zahl raussuchen?« Die Mimik der Verkäuferin ist nicht ganz eindeutig. Es könnte ein Grinsen oder ein Lächeln sein, oder sie versucht einfach nur, die Fassung zu behalten. Sie sagt: »Nein, das können Sie uns jetzt bitte nicht antun.« Jetzt muss ich ein Grinsen unterdrücken. Der Mann zieht dann weiter und kauft das Buch nicht. Ich überlege noch kurz, aber denke dann doch, dass ich zuschlagen muss, dieses Buch haben muss. Denn dieses Buch und diese Interaktion zeigen einen Wahnwitz: denselben Text in verschiedensten Ausgaben noch einmal neu zu verlegen. Als kleines Buch zum Mitnehmen, dann jetzt ein Buch zum 70. Geburtstag, wie die Verkäuferin sagt, in einer Auflage von 7000. Dann kommt ein Geistesblitz, und es fällt mir sofort auf: *Wie die Bibel!* Die gibt es auch in allen möglichen Formaten, zum Mitnehmen, als Prachtausgabe etc. Es hat den Charakter eines heiligen Buches, einer Heiligen Schrift. Ich schlage die von mir gekaufte Sonderausgabe auf und lese: »Du hältst Deine persönliche Ausgabe mit der Nummer 4040 in den Händen.« Darunter die handschriftliche Signatur von Eckhart Tolle. Mit persönlicher Widmung des Erleuchteten, also noch besser als die Bibel. Als ich noch in meiner Erkenntnis schwelge, entdecke ich an der Ecke rechts, dass es dort auch Bücher gibt, die nicht von Eckhart Tolle sind. Es handelt sich um Bücher, zu denen er das Vorwort geschrieben hat, und Bücher über ihn, aber auch einzelne Bücher, die offensichtlich nur entfernt damit zu tun haben, zum Beispiel die Tipping-Methode oder ein Buch über Schwellenerfahrungen. Darüber verstrickt sich eine Frau mit der Verkäuferin in ein Gespräch und fragt: »Was steht da drin? Was steht da drin?« Und die Verkäuferin sagt: »Das ist eher ein psychologisches Buch.« Es ist ein umfangreiches, dickes Buch, und die gerade noch am Kauf interessierte Frau wendet sich zum Gehen und sagt: »Ja, nein, dann ist das doch nichts für mich, dieses Gepäck will ich mir jetzt nicht aufladen.«

Die letzten Vorträge: Ratschläge für die Erwachten

In den abschließenden Vorträgen zeigt sich eine bestimmte Dramaturgie, wenn man auf den Beginn des Retreats zurückblickt: Während im ersten Vortrag das Leid und seine Ursachen in den Vordergrund und das Erwachen nur in Aussicht gestellt waren, werden nach und nach eine erwachte Zuhörerschaft und ihre Sprachfähigkeiten, sich angemessen darüber verständigen zu können, *vorausgesetzt*, sodass Tolle nun in den weiteren Vorträgen darauf aufbauen kann. So beginnt Eckhart Tolle am vorletzten Tag den Nachmittagsvortrag mit einer über zweiminütigen Schweigephase, in der er herumschaut, immer im Kontakt mit dem Publikum. Danach beginnt er zu sprechen und nimmt Bezug auf den zurückliegenden schweigenden Austausch. Die markierten Wörter wurden bereits in den vorangegangen Vorträgen aufgebaut, sodass er ihre Bedeutung nun weiter ausarbeiten kann.

»Es ist sehr schön, wenn **niemand auf den nächsten Moment wartet**. Und dann ist man schon in der **vertikalen Dimension** des **Jetzt**. Deshalb ist es immer gut, mit der **Stille** zu be-

> ginnen, denn in der **Stille** ist die **Dimension der Tiefe**. (…) In der **Dimension der Tiefe bin ich schon vollkommen**, wer ich bin. Auf der **horizontalen Ebene** könnte man noch viel tun, um Dinge zu erreichen und zu erfahren. Und das ist in Ordnung so. Man muss also **gewahr sein**, dass es diese beiden Dimensionen gibt. Auf der **Vertikalen**, da ist nichts, was ich hinzufügen müsste zu dem, was ich bin. Und da ist ein **tiefer Friede** in der Erkenntnis, (…) in dieser Dimension bin ich komplett, **vollkommen, nichts ist zu tun nötig**. (…) Und die Lebenskunst besteht darin, (…) die Verbindung zur **Tiefendimension** nicht zu verlieren.«

Auch die Abschlusssitzung beginnt mit einem intensiven, fast einminütigen, umherschweifenden Blickkontakt ohne Worte, bevor er den Teilnehmenden ihre Gegenwärtigkeit attestiert: »Ich bemerke, dass niemand mehr wartet, auf was da kommen mag. Alle sind gegenwärtig.« Die Teilnehmenden sehen und erleben im Verlauf des Retreats, wie sie die Sprache Eckhart Tolles benutzen können: Präsenz, Stille, Gegenwärtigkeit, Sein, Leben im Jetzt, Tiefe, Tiefendimension, Stille, horizontale und vertikale Dimension, bewusst – unbewusst, Erwachen, Erleuchtung, Ego, Schmerzkörper, Aufmerksamkeit, Evolution, Bewusstseinssprung, das alles wurde in den verschiedenen Gesprächen im Verlauf des Retreats verwendet und fügt sich nun zu einem funktionierenden Ganzen zusammen. Das Retreat ist also auch eine Art spiritueller Sprachkurs. Es werden viele alltägliche Situationen genannt, in denen »das Denken unterbrochen« werden kann: der Blickkontakt mit einem Hund, der Geschmack von Wein, ein überraschender Blickkontakt mit einem Fremden, solche und ähnliche Szenen werden ausgemalt. Schließlich gibt er Ratschläge für die alltägliche Umsetzung auch zusammen mit dem Partner. Diese und andere Alltagssituationen seien das Entscheidende, niemand müsse eine besondere Situation erst herstellen, um zu erwachen: »Die ideale Situation ist die, in der du dich jetzt befindest in deinem Leben.« So geht das Retreat zu Ende mit den Worten. »Wenn du verankert bist im Zeitlosen, dann ist der Rest ganz angenehm zu beobachten, und du nimmst sogar teil an den Ereignissen auf der horizontalen Ebene, ohne dich darin zu verlieren.«

Was bleibt?

Auch nach dem Retreat spiele ich noch mit Tolles Begriffen, es macht Spaß, weil sie gut funktionieren, man ist seinen Gedanken nicht mehr so ausgeliefert, sie spulen sich weiter ab, und man nimmt sie wahr wie die Blasen einer Lavalampe. Allerdings bin ich trotz des vorübergehenden Verlustes meiner Beobachterposition nicht zum Tolle-Jünger geworden und arbeite auch nicht an meinem Schmerzkörper. Schade eigentlich, denn es ist ein einfaches und schlüssiges Konzept. Doch habe ich gemerkt, dass ständig im Jetzt zu sein auf die Dauer doch anstrengend ist. Und mich stört die 5-vor-12-Rhetorik, die auf eine Religion hinweist, auch wenn Eckhart Tolle mehrfach betont, dass es nicht so gemeint sei (sondern als »offenbarte Tatsache«). Und auch das Herausgehobene der Erwachten, die die »Auserwählten« für die nächste Evolutionsstufe sind, ist mir nicht sympathisch. Dennoch hat eine Begegnung mit Eckhart Tolle etwas Besonderes, ich habe es am eigenen Leib erfahren, und es ist zwecklos, es umzudeuten. Seine »Neue Erde« ist ein neuer Versuch, Frieden zu schaffen. Auch dieser Versuch wird wieder schiefgehen, aber warum sollten wir es nicht dennoch versuchen? Wenn wir Tolles Ansatz unter dem Gesichtspunkt der philosophischen Anthropologie betrachten, also der menschlichen Anlage einer »exzentrischen Positionalität«, wie sie in Kapitel 2 dargelegt wurde, dann behauptet Tolle nichts anderes, als dass wir diese dauerhaft überwinden können. Und ist dies nicht auch das Versprechen, das uns alle Erwachenserzählungen seit Platon und Buddha machen?

Die spirituelle Szene und ihre dunkle Seite

Eckhart Tolles Sprache ist einfach und dennoch schlüssig, sodass sich alle möglichen Menschen mit dieser Sprache verbinden können, ob sie nun aus der Astrologie kommen, aus dem Heilen, aus der Energiearbeit oder ob sie selbst einfach intensive Erfahrungen von Erleuchtung oder Erwachen gemacht haben, auch wenn sie agnostisch oder atheistisch sind. Einige Elemente dieser Sprache sind jedoch geeignet, auch Anhänger:innen hervorzubringen, die das »Jetzt« als Ideologie ›ausbeuten‹. Wie kann das gehen? Zunächst scheint alles ganz einfach: Sitzt man im (heiligen) Saal, dann gelingt es Eckhart Tolle, dass sich die meisten Menschen dort beruhigen und eine gewisse Leichtigkeit spüren, in die hinein sie sich entspannen können. In dieser Haltung zurückgelehnter Bereitschaft ergeben die Worte des »Weisheitslehrers« einen Sinn, und die Erfahrung kann sich vertiefen. Dies gelingt nicht nur Tolle, sondern auch anderen »Weisheitslehrern«. Versucht man es jedoch fernab dieses Settings, dann können das Jetzt oder andere Präsenzkonzepte schnell anstrengend werden: Man versucht dann, »im Jetzt« zu sein, und wenn es nicht gelingt, ärgert man sich. Man versucht es immer wieder, vielleicht den ganzen Tag oder tagelang, und gibt seine ganze Energie hinein, aber es gelingt kaum oder gar nicht. Wenn jemand versucht, »das Jetzt« als Programm umzusetzen, sich bemüht »im Jetzt« zu sein, es dann aber spürbar nicht hinbekommt, dann kann die Person sehr schnell Wut oder Aggression über ihr »Versagen« entwickeln. Diese Wut ist natürlich dann selbst wieder Gegenstand von weiterer Wut und so weiter, sodass bei ihr die Frage aufkommt »Warum gelingt es mir nicht?«, »Was ist die Ursache?«, »Wer ist schuld daran?« Wenn man dann nicht auf das Naheliegende verfällt – nämlich dass es wohl an einem selbst liegt – und stattdessen woanders sucht, dann kommt schnell die Frage auf, wer sonst daran schuld sein könnte, dass ich nicht im Jetzt bin, obwohl ich doch alles dafür tue? Und tatsächlich nennt Tolle selbst Ursachen für das Leid der Welt, die als Schuldige herhalten können: Für ihn sind das individuelle und kollektive Ego sowie eine »egoische« Mentalität oder Institution die Ursache für die derzeitige Misere. Nun kenne ich keine Institution, die im Sinne Eckhart Tolles gegenwärtig oder egolos handelt, vielmehr sind alle mir bekannten Institutionen in einer – wie Tolle sagen würde – »egoischen Geisteshaltung«. Also sind die »egoischen« Institutionen die Übeltäter, aufgrund derer es uns nicht gelingt, dauerhaft oder auch nur für längere Zeit »im Jetzt« zu sein. So kann die Wut nicht nur gegen sich selbst gerichtet, sondern auch nach außen projiziert werden. Verantwortlich ist dann *die egoische Struktur*, dass ich nicht ständig im Jetzt sein kann: Das kranke Gesundheitssystem, die Angst machenden »Mainstream-Medien«, die wahnsinnigen Religionen, die geisteskranke Politik. Das Böse taucht als Wort bei Eckhart Tolle oder bei anderen in der spirituellen Szene praktisch nicht auf. Als Konzept ist es aber in vielen Fällen enthalten. Bei Eckhart Tolle zeigt es sich in der Institution der Religion, aber auch in vielen weltlichen Bereichen. Auf der individuellen Ebene ist das Ego, das synonym mit »Verstand« benutzt wird, der große Gegenspieler, der sich zum Herrscher aufschwingt und dadurch das Unglück in die Welt bringt. Dahinter steht der Schmerzkörper mit seinem tückischen Eigenleben. Durch Aufmerksamkeit und Bewusstsein kann ich ihn bannen und auflösen. Auf der kollektiven Ebene spricht Tolle gesellschaftlichen Institutionen den gleichen Wahnsinn zu. Er nennt Religionen und menschliche Gesellschaften »krank«, »geistesgestört« und so weiter. Nun sind krank machende Strukturen der (kapitalistischen) Gesellschaft durchaus auch ein Topos politischer Systemkritik, allerdings werden dann im besten Fall durch eine politische Analyse die zu Grunde liegenden Herrschaftsverhältnisse aufgezeigt und Wege, wie diese verändert werden können. Ohne die Konkretheit einer politischen Analyse entsteht nur ein allgemeines Unbehagen gegen die eigene Gesellschaft, ein Metaphernnebel aus Krankheit und Verrücktheit. Diese pathologisierende Metaphorik ist mir auf dem Retreat auch mit Teilnehmenden begegnet, mit denen ich sonst gute und intensive Gespräche führen konnte. Doch das war vor der Pandemie, nach der Pandemie war das Internet voll davon – auch in der spirituellen Szene. Und dies ist im wahrsten Sinne des Wortes der Schatten vieler Akteure der spirituellen Szene, denn dass hier eine gewaltige Projektion und eine ebenso gewaltige Abwehr geleistet werden, fällt den wenigsten auf. Vielmehr engagieren sich viele in und nach der Pandemie im Namen der Freiheit und der ›Andersdenkenden‹ gegen die Institutionen, die als geistesgestört oder krank bezeichnet werden. Und ohne politische Analyse von Herrschaftsverhältnissen sind es schnell abstrakte Mächte, die dafür verantwortlich sind. So entsteht eine Verbindung zur Welt der Verschwörungstheorien, es sind Brückenkonzepte, die die spirituelle und die politische Welt verbinden. Den Eigenwillen der Institution aufprägen zu wollen, spricht für eine Kultur der Selbstermächtigung, die in den vorangegangenen Kapiteln erwähnt wurde. In dieser Kultur der Selbstermächtigung wird die eigene Vorstellung als Norm für die Gesellschaft behauptet: Bin ich beispielsweise Anhänger einer Auratherapie, dann müsste doch die Gesellschaft Auratherapien als institutionell wertvolle Methode der Gesundheitsfürsorge akzeptieren. Falls nicht, liegt dies an der wahnsinnigen, kranken Institution. In diesem Falle *darf ich auch negative Emotionen haben*. Ich kann also genau die »negativen« Emotionen ausleben, die ich in meiner spirituellen Praxis »aufzulösen« bemüht bin, also vermeide. Da es sich hierbei um einen Schatten, einen blinden Fleck handelt, ist dies für die Beteiligten auch nicht zu erkennen. Und so kann auch ein sanftes System wie das von Eckhart Tolle in sich gerechtfertigte Aggressionen hervorbringen. Diese neuere Entwicklung wird als »Konspiritualität« bezeichnet, ein Wort, das sich aus dem Englischen erklärt als eine Verbindung von »conspirancy« (*Verschwörung*) und »spirituality« (*Spiritualität*).[83]

Man kann verstehen, dass viele Menschen die spirituelle Szene kritisch betrachten. Meist wird diese heute als »Esoterik« bezeichnet. Der Begriff der Esoterik ist jedoch nicht treffend, da zur Esoterik eine viel größere Menge an Phänomenen gezählt wird. Es handelt sich um eine Fremdbezeichnung mit abwertendem Charakter. Der niederländische Religionswissenschaftler Wouter F. Hanegraaff spricht daher von »verschmähtem Wissen«, einer Art Restekiste, in die wir alles hineinpacken, was wir nicht Wissenschaft, antiker Philosophie oder einer der abrahamitischen Religionen zuordnen können:

> »Den ersten Teil bildet der exklusive Monotheismus der abrahamischen Religionen, der sich aus den Büchern Mose,

dem Alten und Neuen Testament sowie dem Koran speist. An zweiter Stelle stehen die als seriös wahrgenommenen ›heidnischen‹ Traditionen des griechischen Rationalismus und der Wissenschaft. An dritter Stelle folgt dann ›der ganze Rest‹ oder ›das Übriggebliebene‹ – sprich alles, was nicht einfach in die sorgsam gepackten Kisten ›Monotheismus gemäß den Schriften‹ oder ›Wissenschaft und Rationalismus‹ passte. Sie haben es erraten: Wir sind nun am Entstehungspunkt unserer Reliktkiste: das ›verschmähte Wissen‹, das wir heute meist als Esoterik bezeichnen.«[84]

Das Phänomen, die informelle Religiosität der spirituellen Szene, von der ich hier spreche, ist nur ein kleiner Teil in der westlichen Restekiste, ein Ausläufer der New-Age-Bewegung der 1968er-Jahre, die sich heute auf einem unübersichtlichen Markt spiritueller Konzepte tummelt.[85] Ich spreche von einer spirituellen Szene, die sich so charakterisieren lässt, dass es darum geht, unabhängig von einer bestimmten Religion einen spirituellen Weg zu gehen. Wie Sylvain Despretz sagt, geht es um »einfache und aufrichtige Spiritualität«.[86] Und das heißt auch anzunehmen, dass es so etwas wie ein Erwachen gibt und eine im weitesten Sinne Verbindung mit einem höheren Selbst – oder einem Nicht-Selbst. Unter den vielen Möglichkeiten und Märkten, die sich auftun, sehe ich ein ehrliches Bemühen um eine einfache Form von Spiritualität, die im Alltag gelebt werden kann. Und das macht immer noch den Kern des Ganzen aus. Natürlich gibt es auch viel Spinnerei, es gibt Verrücktheiten, aber auch hier sollten wir uns locker machen und daran denken, dass es dieses auch in den Wissenschaften gibt, nur wird es dort Kreativität genannt. Eine offene Vielfalt von Ideen und Entwürfen ist eine gute Entwicklungsumgebung. Auch in der spirituellen Szene gibt es Grenzsituationen zum Psychopathologischen, und ja, es gibt auch Versuche von politischer Einflussnahme und Manipulation. Dazu zählen auch demokratiefeindliche, faschistische Transzendenzkonzepte, sodass derzeit eine Debatte darüber geführt wird, ob es sich dabei um eine Symptomatik der Krise der freiheitlichen Demokratie handelt oder ob religiöse Konzepte »der« Esoterik Treiber für Demokratiefeindlichkeit sind.[87] Dies wird im folgenden Kapitel »Gefährliche Liebschaften: Politik und Religion« Thema sein.

Eine vollständige Abwertung im Gewand einer wissenschaftlich begründeten Religionskritik halte ich aber für unangemessen. Beispielsweise argumentiert der deutsche Philosoph Thomas Metzinger in seinem Buch *Bewusstseinskultur*[88], dass jeder, der das Wort »Spiritualität« nicht nach seiner, Metzingers, Definition verwende, diesen Ausdruck nur als Deckmantel benutze, hinter dem sich in Wahrheit Religion verberge. Damit sind aber alle Personen, die sich nur im weitesten Sinne der spirituellen Szene zuordnen, im Diskurs disqualifiziert. Denn in Religion kann Metzinger nichts anderes entdecken als

> »die vorsätzliche Kultivierung eines Wahnsystems, als reiner Glaubensstandpunkt und damit als die dogmatische oder fideistische Verweigerung einer Ethik des inneren Handelns. (…) Religion maximiert den emotionalen Profit. Sie stabilisiert das Selbstwertgefühl, bietet dem Menschen Trost, Gemeinschaftserlebnisse, Geborgenheit und positive Gefühle. (…) Religion opfert die eigene Vernünftigkeit für die emotionale Kohärenz des Selbstmodells. (…) Religion ist von der Grundstruktur her dogmatisch und damit intellektuell unredlich.«[89]

Metzingers eigener Begriff der Spiritualität wird dagegen als Heilsmodell aufgebaut. Die Vertreter seiner »Bewusstseinskultur« ziehen in den Krieg und erobern den Begriff der Spiritualität zurück. Sie entreißen ihn den Händen einer Bande Wahnsinniger, die Spiritualität stets gefangen hielten und missbrauchten:

> »Man sieht sofort, dass vieles, was heute unter dem Deckmantel der Spiritualität auftritt, nichts anderes als Religion in diesem – zugegebenermaßen stark vereinfachten – Sinne ist. Bewusstseinskultur würde dagegen bedeuten, den Begriff der Spiritualität endlich zurückzuerobern und von seinem Missbrauch durch die Vertreter adaptiver Wahnsysteme zu befreien.«[90]

Thomas Metzinger hat sehr beachtenswerte, ja, bewundernswerte Bücher geschrieben[91], aber hier spricht die Arroganz des Wissenschaftlers, die mich an ein Interview mit Hans Peter Duerr erinnert:

> »Die Wissenschaftler tun oft so, als hätten sie den Königsweg zur Wirklichkeit gepachtet. Dabei haben sie meist keine bessere, sondern lediglich eine lieblosere Einstellung zu den Dingen.«[92]

Nur weil »Erwachen« oder »Spiritualität« oder andere Begriffe nicht in einer wissenschaftlichen Terminologie formuliert werden, sondern in einer anderen Sprache wie der Astrologie oder auch der Reinkarnationstherapie oder in welch vielfältiger Form sich dies auch immer ausdrücken mag, sind sie deshalb nicht weniger beachtenswert. Wenn das derzeitige wissenschaftliche Bemühen um Bewusstsein und Spiritualität dazu führt, alle anderen, nicht-wissenschaftlichen Formen kategorisch und unbesehen zu verdammen, dann setzen wir den Prozess des Verdrängens einer sinnstiftenden Alltagskultur fort, allein deshalb, weil sie bestimmten wissenschaftlichen Standards nicht genügt, und füllen so Hanegraaffs »Kiste des verschmähten Wissens« immer weiter.

5 Gefährliche Liebschaften: Politik und Religion

»Der politische Wahn, über den ich eben so lächle, wie die Zeitgenossen über den religiösen Wahn früherer Zeiten, ist vor allem Verweltlichung, Glaube an die Welt (...).«

Friedrich Nietzsche[93]

Es ist immer 5 vor 12

Wenn Politik und Religion sich treffen, entsteht schnell eine dramatische Zuspitzung hin auf eine letzte Auseinandersetzung. Eine Prophezeiung kommt in Umlauf, die nicht weniger als den Untergang eines oder mehrerer Völker, der Menschheit, des Planeten Erde oder des ganzen Universums vorhersagt. Ab dann kennt diese Prophezeiung zwei Varianten: In der ersten Variante kann der Untergang gerade noch verhindert werden, dank eines finalen Kampfes, einer kollektiven Erleuchtung oder einer radikalen Änderung des eigenen Verhaltens. In der zweiten Variante kann der Untergang nicht mehr verhindert werden, es bleiben entweder die Flucht an einen sicheren Ort oder der Überlebenskampf in einer untergehenden Welt. Dabei ist die Flucht an einen sicheren Ort nur einem Kreis von Erlauchten möglich, die dann als einzige überleben. Dieses Arche-Noah-Prinzip[94] wird gegenwärtig beispielsweise von Elon Musk inszeniert, der auf dem Mars dauerhaft Kolonien errichten will, damit einige Menschen einen dritten Weltkrieg überleben. Und wie der biblische Noah bestimmte, wer auf seinem Holzschiff die Sintflut überleben durfte, wird auch Elon Musk diejenigen erwählen, die in seine Raumschiffe zum Mars steigen dürfen.[95]

In der deutschen Sprache hat sich für den Weltuntergang seit Beginn des 20. Jahrhunderts das Wort »Apokalypse« eingebürgert. Es stammt aus der jüdischen und christlichen Religion und meint zunächst einfach »Offenbarung«. Neben der Sintflut und der Rettung Auserwählter durch Noahs Arche ist vor allem die Offenbarung des Johannes im Neuen Testament bekannt. So ist das »Buch mit sieben Siegeln« in den Schatz der Redewendungen der deutschen Sprache eingegangen.

In dieser »Offenbarung« spricht Jesus direkt zu ihm, und er erfährt, welche Gefahren in der Zukunft drohen und durch welche Handlungen aus einem Weltuntergang Rettung und Erlösung für die Gläubigen erfolgt.

> »Dies ist die Offenbarung Jesu Christi, die ihm Gott gegeben hat, seinen Knechten zu zeigen, was in Kürze geschehen soll; und er hat sie gedeutet und gesandt durch seinen Engel zu seinem Knecht Johannes, der bezeugt hat das Wort Gottes und das Zeugnis von Jesus Christus, alles, was er gesehen hat.«[96]

Johannes erhält die Mission, dies allen Glaubensbrüdern und -schwestern mitzuteilen, damit sie gemeinsam als Sieger aus dem bevorstehenden Chaos hervorgehen. Johannes erfährt dann die letzte Wahrheit, insbesondere als er direkt zu »Gottes Thron« geführt wird.

Dies wirkt vielleicht sehr archaisch, und wir können uns zunächst kaum vorstellen, dass solche Erzählungen eine Relevanz für den politischen Bereich haben können. Wenn wir uns jedoch an Kapitel 2 erinnern, dann waren menschliche Lebewesen ja mit dieser Eigenschaft der exzentrischen Positionalität ausgestattet und sind damit auch Erfahrungen von Nichtigkeit und Absolutheit ausgesetzt. In ihrer reflektierenden Unruhe prüfen sie immer aufs Neue, was möglicherweise wirklich und endgültig »hinter« dem unmittelbar Bekannten und Wahrnehmbaren liegt. Das heißt, wir können auch im politischen Bereich die Frage stellen, ob es so etwas wie ein politisches Erwachen gibt, also Erlebnisse, in denen die letzten Weltgeheimnisse und die »wahren« politischen Zusammenhänge offenbart werden und sich eine »politische Mission« herausbildet.

Politisches Erwachen als Offenbarung

Die meisten Menschen kennen eine Zeit, in der sie begannen, sich für Politik zu interessieren und sich eigene Gedanken zu machen. In den meisten politischen Autobiografien von Prominenten finden sich Erzählungen, wie ihr Interesse an Politik erwachte. Es geht um eine Lebensphase, in der das eigene Denken, meist ausgelöst durch kollektive Krisen, erschüttert wird und zu einer neuen Positionsbestimmung und Meinungsbildung zwingt. Und auch in den dunkelsten Bereichen politischer Gewalt finden sich Erzählungen über das eigene politische Erwachen.[97]

Wie in Kapitel 3 ausgeführt, kann die Intensität einer Absolutheitserfahrung sehr unterschiedlich sein. Wir wollen nun Absolutheitserfahrungen in ihrer größtmöglichen Intensität betrachten. Deshalb suchen wir im politischen Bereich danach, ob und wo hier von einem »Erwachen« berichtet wird, das zu einer unverrückbaren Gewissheit führt. Eine Erzählung, dass jemand nun den »absoluten Durchblick«, »die letzte Wahrheit« erlangt hat. Der erkannt hat, wie die Welt als Ganzes funktioniert, was Gut und Böse ist und was nun getan werden muss.

Um den Zusammenhang zwischen religiösem und politischem Bereich gut herausstellen zu können, möchte ich auf die Struktur der in Kapitel 3 dargestellten Erwachenserzählungen zurückgreifen.

Illusion und Befreiung

Wie wir in Kapitel 3 gesehen haben, beginnt alles mit einer Illusion, genauer gesagt, mit einem System, das eine Illusion aufrechterhält. Es handelt sich hier um das Grundmodell, wie wir es vorher am Beispiel der Metaphern der Desillusionierung beschrieben haben. Beispielsweise hatten wir von den Gefangenen in der Höhle gesprochen, die in einem Zustand des Schlafs oder Träumens waren und sich dabei eine illusionäre Welt aufbauten. Dies führte dazu, dass ihre Handlungen die Illusion weiter stabilisierten, was sie weiter in ihrem Gefangensein beließ, was wiederum den Schlafzustand begünstigte und so weiter.

Wir haben aber auch gesehen, dass es bei diesen Geschichten nicht nur darum geht, das Gefangensein in der Illusion zu beschreiben, sondern eben auch die Möglichkeiten, die Illusion zu beenden, die Desillusionierung. Diesen Prozess illustriert die nachfolgende Grafik: Im Inneren des Kreises sind die Metaphern des illusionären Zustandes aufgeführt. An der Außenseite die bereits besprochenen Metaphern des »Erwachensprozesses«.

Je nachdem, wo wir in diesem Metaphernmodell ansetzen, lassen sich Übergänge finden, an denen auch immer die ergänzenden Metaphern stehen: Die Metapher des Gefängnisses beinhaltet die Metapher der Befreiung. Dann haben wir die Metapher des Schlafs und die entsprechende Metapher des Erwachens oder des Erweckens. Und der Illusion und der Dunkelheit sind die Wahrheit und das Licht bzw. die Erleuchtung zu Seite gestellt. Schließlich können wir beim stabilisierenden Handeln beginnen und dieses nach und nach durch ein illusionsauflösendes Handeln ersetzen. Wir können natürlich auch an mehreren Stellen zugleich ansetzen.

Die Grafik zeigt das metaphorische Grundmodell, bei dem sich ein »Erwachter« (E in der Grafik) – wie auch immer – befreit hat. Und nun haben wir aus der Perspektive des »Erwachten« eine neue Situation. Wir haben auf der einen Seite noch die Höhle mit den Gefangenen, die weiterhin in diesem Zyklus dieses illusionären Traums verweilen, während der eine Erwachte etwas erkannt hat: die wahre Wirklichkeit, die Wahrheit, das Wahre, Gute und Schöne, hier dargestellt durch das platonische Symbol der Sonne.

Der Erwachte hat nun zwei Möglichkeiten. *Szenario 1*: Er kann alles so lassen, wie es ist. Jeder kann sich ja prinzipiell selbst befreien, und wer es dann nicht tut, ist eben selbst schuld. *Szenario 2*: Er kann eine Mission als seine Lebensaufgabe erkennen und erfüllen. Entscheidet er sich für die Mission, dann geht es darum, die anderen zu befreien, zur absoluten Wahrheit, die bislang nur dem Erwachten zugänglich ist. Es gibt dazu die eben angesprochenen Übergänge, die dann Angriffspunkte für das politischen Handeln sein können. D.h., Erwachte können ihre Mission ansetzen am Gefangensein, am Schlaf, an der illusionären Wirklichkeit oder am »falschen« Handeln.

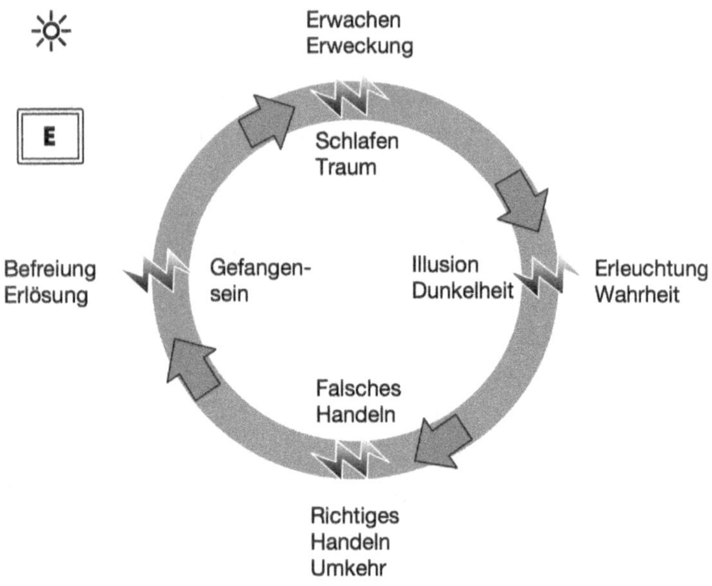

Abb. 1: Ein Erwachter als Teil des Metaphernmodells

Erkenne dich selbst, erkenne den Feind[98]

Wenn sich der Erwachte für die Mission entscheidet, kann ein bedeutsamer Wandel eintreten, wenn nämlich das Gefangensein in der Illusion mit einer bestimmten Ursache verknüpft wird. Diese Ursache wird dann personifiziert als ein transzendentes oder reales Wesen oder eine Gruppe transzendenter oder realer Wesen, die bestimmte Eigeninteressen verfolgen und sich dazu die anderen gefügig halten, ohne dass diese es merken. Das kann ein Widersacher sein wie Satan. Im politischen Bereich sind es allerdings Personen oder Personengruppen, die eine Verschwörung geplant haben oder durchführen, manchmal auch im Verbund mit transzendenten Wesen, Abbildung 2 verdeutlicht uns das.

Wir können dies kurz an einigen Beispielen durchspielen. Im Christentum oder auch im Islam wäre es Satan, der versucht, die Weltherrschaft an sich zu reißen. Im atheistischen Kommunismus wäre es der Kapitalismus, der die Arbeiterklasse sozusagen in der Opiumhöhle der Religion gefangen hält.

Entwickelt der Erwachte ein solches Kausalmodell, dann kann er sich einer Mission kaum noch entziehen: Wenn der Erwachte absolut erkennt, dass es für die geheime Gefangenschaft eine Ursache gibt, ein oder mehrere Wesen, die dies im Hintergrund aufrechterhalten, dann wird diesen Verursachern das gesamte Wortfeld der Lüge, der List, der Täuschung, der Verführung, der Suggestion und der Manipulation in sämtlichen Variationen angefügt. Diese Erkenntnis der absoluten Wahrheit ergibt einen enormen Handlungsdruck. Der Erwachte darf nun nicht nur Erwachter sein, er muss zum Helden werden. Seine Mission erscheint ihm unausweichlich. Nun setzt er alles daran, die ›falsche Geschichte der Lüge‹ zu entlarven und auszuradieren, um sie mit seiner ›Geschichte der Wahrheit‹ zu überschreiben. Und je mehr Widerstand sich ihm entgegenstellt, desto mehr wird er dies als verursacht von diesem Bösen ansehen, sodass es auf eine immer stärkere Polarisierung hinausläuft, einen zwingend notwendigen Endkampf. Nach dem in Kapitel 3 eingeführten Thomas-Theorem hat der Erwachte auf der Basis einer Fiktion ›letzte Gewissheit‹ über alles erlangt: die absolute Wahrheit, die letztgültige Ursache für die Lüge und eine Rechtfertigung für seine Mission gegen das unbezweifelbare Böse.

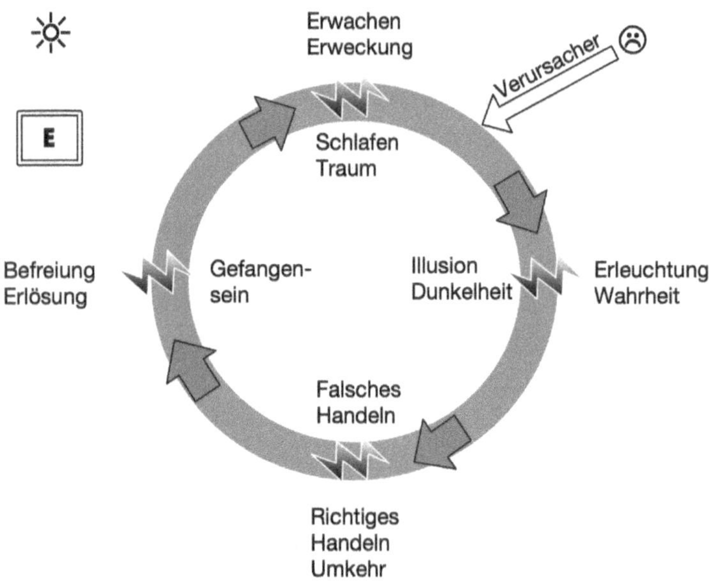

Abb. 2: Der Erwachte entdeckt die »wahre Ursache« für die Illusionsbildung

In diesem Modell haben wir von *einem* Erwachten gesprochen, der als Held seine Mission erfüllen will. Wenn wir uns jedoch vorstellen, wie viele politisch denkende Religionen oder religiös durchsetzte politische Utopien es gibt, die sich alle gleichzeitig in einen Befreiungskampf stürzen, dann ahnen wir, dass die Lage *mindestens* so unübersichtlich wie in Monty Pythons *Leben des Brian*[99] sein könnte. Alle haben unterschiedliche Narrative, und die Welt ist eine große Interferenz aus allen Endkämpfen dieser Zeit. Dabei erscheint die eigene Befreiungstheologie gar nicht als Theologie, sondern als die »wirkliche Wahrheit«, die einzige Wahrheit, während alle anderen Unwissende oder Todfeinde sind.

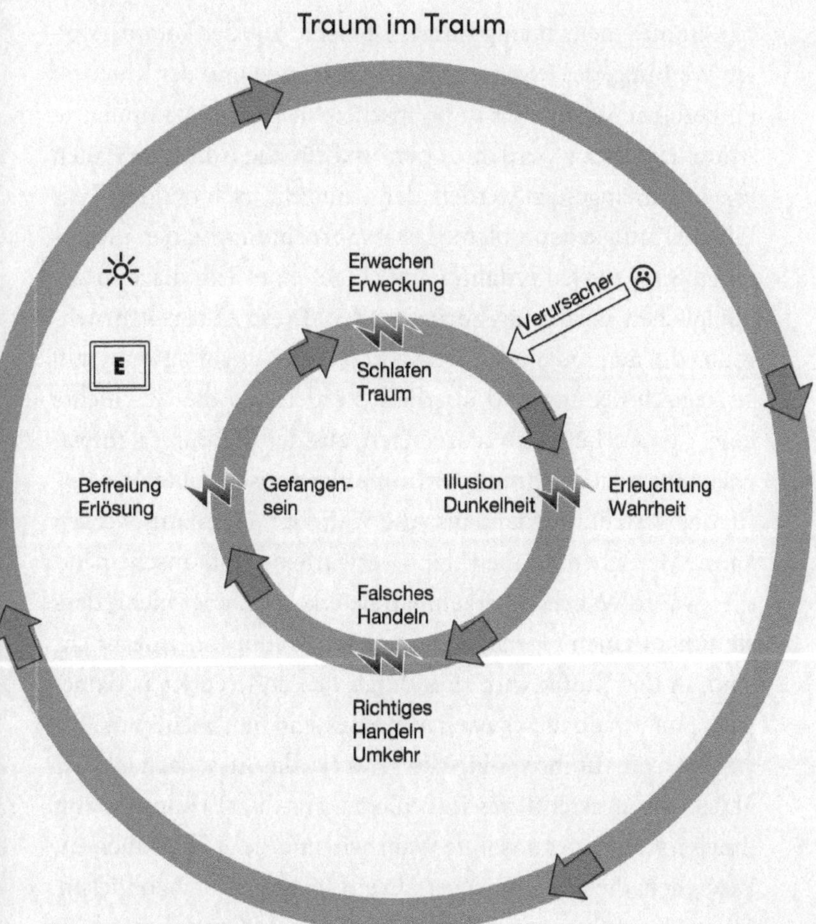

Abb. 3: Traum im Traum

Schließlich soll noch die Möglichkeit eines Traums im Traum angesprochen werden, der für den Bereich der Politik wichtig ist und uns in Abbildung 3 verdeutlicht wird. Im Bereich des Politischen geht es um die Erweiterung von Macht, um die eigenen strategischen Ziele besser erreichen zu können. Dazu wurden in den letzten Jahrzehnten auch in den westlichen Demokratien immer mehr manipulative Elemente aus der kommerziellen Werbung, der Psychologie, der Soziologie und der Rhetorik einbezogen. Wenn aber in politischer Ansprache manipulative Mittel eingesetzt werden dürfen und für die Adressaten auch erkennbar eingesetzt werden, dann entsteht nach und nach ein Glaubwürdigkeitsproblem. Die Wahrnehmung einer illusionären Struktur kann dann nämlich auf eine Grundlage in der alltäglichen Erfahrung zurückgreifen. Diese Alltagswahrnehmung des manipulativen Gehalts politischer Werbung kann nun strategisch benutzt und überhöht werden, um die Geschichte einer »große Lüge« zu inszenieren, aus der die Bürger aufwachen müssen. Gleichzeitig wird eine alternative Realität zur Verfügung gestellt, die dann als »die Wahrheit« ›verkauft‹ werden kann. Menschen können dann »erwachen« und anscheinend die »wahre Wahrheit« erkennen, sie erkennen aber nicht, dass sie nur in einen eigens hergerichteten Traum hinein erwacht sind. In der Grafik wird dies durch den äußeren Kreis dargestellt. Außerhalb dieses zweiten Kreises sind nun wiederum »Erwachte«, die für ihre politischen Zwecke das Erwachen aus der »Lüge« im inneren Kreis inszenieren. Für die »Erwachten« im inneren Kreis ist es absolute Wahrheit, und sie erleben auch ein Erwachen, die Absolutheitserfahrung, endlich durchzublicken. Für die Erwachten im äußeren Kreis ist deren Erwachen jedoch lediglich Mittel zum Zweck.

Das klingt nach einer Strategie eines politischen Extremismus. Und tatsächlich unterstützen Absolutheitserfahrungen im politischen Bereich, bei denen man alles durchschaut, was »in Wahrheit hinter allem steckt«, eine extremistische Haltung. Im Folgenden wollen wir uns daher nun mit politischem Extremismus beschäftigen und welche Rolle Erwachenserfahrungen dabei spielen.

Sind Sie Extremist?

Auf die Frage »Sind Sie Extremist?« lautet die Antwort immer »Nein…« Auch wenn der Befragte im nächsten Moment gegen alles und jeden hetzt, was er im weitesten Sinn als Ursache für seine Misere ansieht. Fragt man denselben Menschen weiter, ob es Extremisten gibt, lautet die Antwort immer »Ja«. Natürlich gibt es Extremisten – »da draußen«. Das Grundproblem liegt darin, dass mir *von außen* betrachtet die extremistische Verengung und Verblendung auffällt, mir aber *von innen* alles logisch vorkommt und nicht nur logisch, sondern geradezu notwendig, richtig und wahr. Wir brauchen also immer diese doppelte Perspektive. Von außen betrachtet sehen wir das geschlossene System, die Illusionsstruktur, sogar den Traum im Traum. Aber um nachzuvollziehen, wie sich das System aufrechterhält, brauchen wir auch die Innenperspektive. Und natürlich stellt sich die Frage, wenn wir selbst in solch einem System gefangen sind: Wie können wir das dann erkennen?

In den Sozialwissenschaften versucht man seit einiger Zeit, eine angemessene Definition zu finden. Dies ist nicht leicht, da sich die einzelnen Formen stark unterscheiden. Insbesondere die altbekannte Gleichsetzung von kommunistischen, anarchistischen Strömungen als Linksextremismus und von rassistisch-nationalistischen Formen als Rechtsextremismus wird seit Langem kritisiert[100]. Die damit einhergehende Links-Rechts-Metaphorik wird immer wieder als überholt dargestellt, ohne dass dies im politischen Tagesgeschäft irgendeine Wirkung hätte. Dabei wäre dies wirklich sinnvoll, denn neuere Formen wie der Islamismus liegen ja außerhalb dieses horizontalen Denkens in links und rechts.

Im Folgenden möchte ich daher einen Begriff von Extremismus nutzen, der nicht auf diese Metaphorik zurückgreift.

Dazu nutze ich die Ideologietheorie des Wissenssoziologen Karl Mannheim (1893–1947). Nach Mannheim hat jeder Mensch ein mehr oder weniger ausgearbeitetes Weltverständnis, das er als »Ideologie« bezeichnet. Ideologie ist bei Mannheim also erst einmal wertfrei: *jeder* besitzt eine Ideologie, ein Weltverständnis oder ein Weltbild. Diese dürfen in einer pluralistischen Gesellschaft auch ganz verschieden sein und zu ganz unterschiedlichen politischen Programmen führen. Diese verschiedenen politischen Weltbilder oder Ideologien nennt Mannheim »Partialsichten«. Und diese sind nach Mannheim auch völlig unproblematisch. Zumindest solange die Vertreter der jeweiligen Ideologie das Wissen darüber bewahren, dass es *ihre* Sichtweise ist, und dass es *andere* Sichtweisen gibt, die von anderen Gruppen vertreten werden. Wenn dies jedoch nicht mehr der Fall ist, dann entsteht eine totale politische Ideologie, die wir dann als »Extremismus« bezeichnen können. Was passiert da genau? Man könnte sagen, dass sich das Wissen auflöst, dass ich bzw. meine Gruppe *einen* Standpunkt *unter vielen* einnehme. Stattdessen tritt eine Gewissheit ein, dass mein Standpunkt der *einzig* mögliche ist, denn: Ich habe nicht eine, ich habe *die* Wahrheit über die Welt erkannt, die *absolute Wahrheit*. Diesen Vorgang nennt Karl Mannheim eine »Verabsolutierung von Partialsichten«.[101]

Und dabei ist das politische Erwachen zentral: Wenn ich in einem Erwachenserlebnis die absolute Gewissheit erlangt habe, dass es einen Feind gibt, der meine Familie, meine Gruppe oder mein Volk, »in Wahrheit« letztlich vernichten will, dann erscheint mir die Befreiung meiner Gruppe und die Vernichtung des Feindes als die einzig mögliche Politik. Damit geht auch eine herausgehobene Stellung der bereits Erwachten einher, sie sind nun auserwählt, eine Avantgarde, die die Mission hat, den noch unwissenden anderen *die* Wahrheit zu verkünden. Diese erwachte Avantgarde und ihre Weltsicht werden emotional ins Heilige überhöht. Kritik an ihnen ist dann kaum noch möglich, denn die neue Weltsicht ist mit Tabus und Sanktionen unangreifbar gemacht.

In der Sprache lassen sich dann Krankheits- und Reinheitsmetaphern nachweisen: Gesund, gut, sauber und rein ist die Eigengruppe und das ihr Heilige. Krank, auch geisteskrank, schmutzig und dreckig, hässlich und parasitär ist dagegen der Feind, der durch Lügen und Manipulation davon abhält, die »wahre Wirklichkeit« zu erkennen. Kritik am »Heiligen«, d. h. der als absolute »Wahrheit« anerkannten Weltsicht, und der Gruppe, die diese absolut wahre Weltsicht wie etwas Heiliges ehrt und verehrt, stellt dann ein Beschmutzen dar, das heftige emotionale Reaktionen auslöst: Kränkung; verletzter Stolz und verletzte Ehre; Angst, die Gewissheit wieder zu verlieren; von der Erhabenheit des Absoluten wieder in die Erfahrung von Nichtigkeit abzustürzen. Daraus entstehen unbändige Aggressionen im Namen des Guten, um zum Guten dazuzugehören, um heldenhafter Teil des erhabenen Kampfes für das Gute zu sein.

Politisches Erwachen im nationalsozialistischen Spektrum

Die autobiografischen Manifeste von Anton Drexler und Adolf Hitler

Wie entsteht nun diese Gewissheit? Wir haben in den vorangegangenen Kapiteln gesehen, dass Menschen im spirituellen Erwachen Absolutheit erfahren, die dann besonders intensiv ist, wenn sie zuvor Nichtigkeitserfahrungen wie depressive Zustände, plötzliche oder schleichende Sinnlosigkeit durchlebt hatten (die *dunkle Nacht der Seele*). In der Verarbeitung dieser Erfahrung wird häufig eine neue Letztbegründung etabliert, beispielsweise der unerschütterliche Glaube an transzendente Wesen wie Gott oder Engel. Und so geht mit diesem Erwachen eine Gewissheit einher, die kaum noch hinterfragt werden kann. Gibt es nun im politischen Bereich etwas Vergleichbares? Ein *politisches Erwachen*, in dem Absolutheit erfahren wird? Wir können dies hier nur beispielhaft untersuchen.

Als Beispiel sollen Erwachensberichte des frühen deutschen Nationalsozialismus dienen, die dann am Ende dieses Kapitels auf die Rolle des Erwachens in der neurechten Szene ausgeweitet werden.[102] Dabei stellt sich schnell heraus, dass der Begriff des Erwachens aufs Engste mit dem Nationalsozialismus verbunden ist. Er prangt bereits als Titel auf dem ersten Buch der Gründungsfigur des Nationalsozialismus: Das Buch wurde 1919 von Anton Drexler publiziert und trägt den Titel *Mein politisches Erwachen. Aus dem Tagebuch eines deutschen sozialistischen Arbeiters*.[103] Der Werkzeugschlosser Anton Drexler (1884–1942) war Mitgründer der Deutschen Arbeiterpartei (DAP), aus der später die NSDAP hervorging. *Mein politisches Erwachen* ist ein 40 Seiten umfassendes Manifest in Form einer autobiografischen Schrift, die ein Jahr später zu einem doppelseitigen Flugblatt komprimiert wurde, die nur noch *Politisches Erwachen* hieß.[104] Es handelt sich in beiden Fällen um antisemitische Hetzschriften. *Mein politisches Erwachen* wird in Hitlers *Mein Kampf* zitiert. Charakteristisch für beide Texte Drexlers ist eine Struktur, wie wir sie eben noch einmal veranschaulicht haben. Drexlers Erwachenserlebnis geschieht, als am 19. Juli 1917 vom Deutschen Reichstag die sogenannte »Friedensresolution« verabschiedet wird. Die Friedensresolution gilt heute als Wendepunkt, der das Ende des Ersten Weltkriegs einleitete. Dabei hatte Matthias Erzberger (1875–1921) eine führende Rolle gespielt. Erzberger war Mitglied der katholischen Zentrumspartei und ermöglichte eine – damals für unmöglich gehaltene – Mehrheit aus Sozialdemokraten, Linksfreiheitlichen und eben seiner katholischen Zentrumspartei.[105] In der Friedensresolution von 1917 findet sich der zentrale Satz:

> »Der Reichstag erstrebt einen Frieden der Verständigung und der dauernden Versöhnung der Völker.«[106]

Damit rückte der Reichstag von einem Frieden durch einen militärischen Sieg ab und stieß damit Drexler und – wie er meinte, »jedem ›sehenden‹ Deutschen« – vor den Kopf:

> »Im Bunde mit dem Zentrum und Erzberger, dem Zentrums-Internationalisten (…) bringen sie am 19. Juli 1917 die berüchtigte Resolution: Verständigung auf der Grundlage ohne Annexionen, ohne Entschädigung, zustande – der Anfang vom Ende –. Das war für mich der Schlag, der mich zum Erwachen brachte.«[107]

Drexler berichtet dies emotional aufgewühlt und entfaltet nach und nach seine »Wahrheit«, die nun zu seiner Mission wird:

> »In diesen für mich so aufregenden Tagen, denen schlaflose Nächte folgten, erlebe [*sic!*] ich meine politische Geburt. Ich dachte darüber nach, wie ich die Arbeiterschaft über die Gefährlichkeit dieser Resolution aufklären, wie ich ihr begreiflich machen konnte, daß der Verständigungsgedanke nur von unseren Feinden ausgenützt würde, und nur ihnen zugute kam.«[108]

Die »Wahrheit«, die er gefunden hatte, entspricht wiederum der bekannten Desillusionierungsmetapher, wie sie Abb. 2 zeigt. Es handelt sich um eine intensive Nichtigkeitserfahrung, die als »Schlag« erlebt wird, der dann das Erwachen zur Folge hat. Drexler erkennt »die« Wahrheit, d. h. er sieht das ganze Ausmaß der Misere und sieht auch die Ursache dafür, eine Gruppe bislang verborgener Feinde:

> »300 Großbankiers, Finanzleute und Zeitungskönige, die über alle Länder miteinander verbunden sind, sind die Diktatoren; sie gehören fast alle zum »auserwählten Volk!« Sie sind allesamt Mitglieder jenes geheimen Weltbundes, der die große Weltpolitik leitet, – nämlich der internationalen Freimaurerloge.«[109]

Dieser »geheime Weltbund« wird von Drexler antisemitisch aufgeladen, und »die Juden« werden zusammen mit anderen wie »den Freimaurern« als die Urheber »enttarnt«. Sie hätten zum Ziel, das deutsche Volk klein zu halten, die Deutschen zu »Knechten« zu machen. Das deutsche Volk wird dabei mit Reinheitsmetaphern beschrieben: Das »reine Volk« ist ein utopisch-sakraler Zufluchtsort, den es politisch wieder zu erreichen gilt.

Um dies zu »beweisen« nutzt Drexler den sogenannten Cui-bono-Fehlschluss. »Cui bono?« bedeutet »Wem nützt es?«. Die Frage nach dem Nutzen ist an sich unproblematisch. Sie wird nur dann zum Fehlschluss, wenn die Antwort vorher schon feststeht, wie dies bei extremistischen Ideologien und Verschwörungstheorien der Fall ist. Denn dann geht es gar nicht darum, wirklich herauszufinden, wer von einer bestimmten Situation profitiert, sondern den immer schon bekannten Feind hinter allen verwirrenden Situationen und Konstellationen zu »enttarnen«. Rhetorisch präsentiert wird dies dann aber als echter Erkenntnisprozess. Diesen fehlerhaften Schluss vom Nutzen auf die Täterschaft verwendet Drexler, indem er die Frage stellt, wem der von ihm verachtete Frieden denn nütze, und kommt dann zu der bereits feststehenden Antwort: Er nütze dem von ihm als wahren Feind erkannten »geheimen Weltbund«, der ein geschwächtes deutsches Volk dann besser nach seinen Interessen »lenken« könne. Aus dieser zwar grausamen, aber »wahren Wirklichkeit« und dem Erkennen ihrer Verursacher leitet er seine emotional aufgeladene Mission ab, die dem Leben des eben noch am Boden liegenden Drexler einen überindividuellen Sinn verleiht, indem sie ihn in ein Heldennarrativ einbettet:

> »Ich habe es mir zur Lebensaufgabe gemacht, daran mitzuarbeiten, die schaffende Menschheit von diesem Feinde zu befreien.«[110]

Wie ein Philosophenkönig im Höhlengleichnis sieht der Erzähler seinen Lebenssinn nun darin, die ›Angeketteten‹ zu »befreien«. Die Schrift ist durchsetzt mit antisemitisch verwendeten Zitaten aus dem Talmud, die seine These »beweisen« sollen. Er behauptet schließlich, dass »nur ein christlicher Sozialismus« diese Befreiung bewirken könne.[111] Dabei gibt er die Parole aus: »Sozialismus und Kommunismus im Geiste Christi, des hervorragendsten Charakters der Weltgeschichte.«[112] Drexler[113] spricht von »neuen Einblicken« und dass sich ihm nun »viele Verhältnisse in einem ganz anderen Lichte« zeigten. Er kann nun »die Dinge sehen, wie sie sind!« Alles andere seien »Wahnvorstellungen«, Täuschung, Lüge und »Verblendung«. Seine ›Einsicht‹ mündet in ein Kausalmodell, das nun alles erklärt: Besagte Elite wolle angeblich alle Völker und speziell Deutschland beherrschen und stelle daher Deutschland als Kriegsschuldigen dar. So solle »das deutsche Volk den Glauben an seine gerechte Sache verlieren«, und besagte Elite könne das deutsche Volk nach Belieben beherrschen. Es habe noch niemand bemerkt, da die Verblendung »durch ein großartiges Zeitungslügensystem« dieser Elite aufrechterhalten werde.

Das politische Erwachen des Anton Drexler ist ein tiefer Einschnitt in seine Biografie, ein Wendepunkt. Scheinbar hat er die exzentrische Positionalität überwunden, denn das ewige In-Frage-Stellen, die Gefühle von Nichtigkeit, Hilflosigkeit und Verzweiflung sind einer Gewissheit gewichen, die einer religiösen Gewissheit gleichkommt. Er hat ein neues Axiom, eine neue Letztbegründung, innerlich und unangreifbar verankert. Sie wird zu seiner Identität und seiner Lebensaufgabe, seiner Mission. Sein Leben ist nun mit großer Energie und Bedeutung aufgeladen, denn er kämpft nun für eine Sache, die größer als er selbst ist, für »das deutsche Volk«.

Da diese Gewissheit nun seine Identität ausmacht, ist eine rationale Diskussion mit dem Ziel einer Überzeugung nicht mehr möglich.

Vielleicht erinnert dieses Muster auch schon an die zeitgenössischen, rechtspopulistischen und rechtsextremistischen Theorien, die wir gleich genauer betrachten werden. In unserer Zeit kommt hinzu, dass sich auch extreme Ansichten über die sozialen Medien weltweit synchronisieren und auch entsprechende Handlungen in Echtzeit koordiniert werden können. Dies wird unterstützt, indem Suchalgorithmen der sozialen Medien auf Affekt, Ähnlichkeit und Affinität programmiert sind. Dadurch trifft man auch mit abwegigsten Theorien auf Gleichgesinnte und kann sich mit ihnen verbinden. Es handelt sich dabei um eine Doppelhandlung, nämlich des kooperativen Austauschs mit Gleichgesinnten und zugleich des Abschottens von anderen (Filterblasen-Phänomen). Dadurch können sich auch krude Theorien schnell stabilisieren. Dies kann politisch ausgenutzt werden. Nachgewiesen ist etwa der politisch-strategische Einsatz von Troll- und Bot-Armeen, die einem unbedarften User als reale Gleichgesinnte erscheinen können und ihm zeigen, dass man gefahrlos und ungestraft auf die vermeintlichen »Feinde« Hass und sonstige Formen von Aggression und Gewalt »im Namen der Wahrheit und des Guten« entladen darf.[114] Natürlich ist nicht jeder, der einen Hasspost mit einer Verschwörungstheorie liest, auch schon damit infiziert. Doch macht das Mediendispositiv es leicht, zu hassen und zu verletzen.

Zurück zum Erwachen im nationalsozialistischen Spektrum: Anton Drexler hat im weiteren Verlauf des Nationalsozialismus keine bedeutende Rolle gespielt. Er wurde in Hitlers *Mein Kampf* eher abschätzig dargestellt, obwohl die Grundgedanken Drexlers darin überdeutlich enthalten sind. Dass jemand wie Drexler von einem Erwachen spricht, ist kein Einzelfall in der sich anbahnenden Nazizeit. Auch Hitlers Erzählung seines eigenen politischen Erwachens weist ähnliche Züge wie bei Drexler auf.[115] Anders als Drexler erzählt er aber nicht nur emotional, sondern auch dramaturgisch geschickt: Am Ende des Kapitels »Die Revolution« beschreibt er, wie er gegen Ende des Ersten Weltkriegs als Verwundeter während der Novemberrevolution zurückkehrte und der Pfarrer im Lazarett unter Tränen von der Kapitulation Deutschlands erzählte. Er beschreibt dann, wie er bei dieser Nachricht der Kapitulation zusammenbrach, sich aufs Bett warf und weinte – und zwar zum ersten Mal »seit dem Tage, da ich am Grabe der Mutter gestanden (...)«[116]. Ähnlich wie Drexler erzählt Hitler von Erfahrungen tiefer Sinnlosigkeit und Nichtigkeit: »Nun war also alles umsonst gewesen«[117], »alles verloren«[118]. Diese Nichtigkeit schlägt dann in eine Absolutheitserfahrung um, zu der Gewissheit, was hier »in Wirklichkeit« los ist. Wie Drexler braucht Hitler Zeit, um »des ungeheueren Ereignisses klar zu werden«[119]. Der tiefe biografische Einschnitt wird als Erweckungsmoment mit einer neuen Rolle im weiteren Leben beschrieben: »In den Tagen darauf wurde mir auch mein Schicksal bewußt«[120], Hitler »beschloß nun, Politiker zu werden«.[121] Es handelt sich um die Gewissheit, dass es eine Ursache für diese Erfahrung von Nichtigkeit und einen Weg zu ihrer Beseitigung gibt. Feinde waren zunächst die parlamentarischen Demokraten, die den Ersten Weltkrieg beendeten. Dies wird ausgeweitet auf die parlamentarische Demokratie als Ganzes, die, wie bei Drexler, mit einer antisemitischen Verschwörungstheorie gekoppelt wird. Gegen diese Feinde sind dann zur Befreiung (des deutschen Volks) alle Gefühle der Feindschaft nicht nur gerechtfertigt, sondern vielmehr sogar geboten: »In diesen Nächten wuchs mir der Haß, der Haß gegen die Urheber dieser Tat.«[122] Wer diese Gefühle *nicht* zeigt, ist dann entweder »dumm« oder – wenn er es weiß oder auch nur wissen könnte – »Verräter«. Die »Waffe« des Feindes ist, wie bei Drexler, »die Presse«, die durch »Lügen« das deutsche Volk einlullt und damit die Illusion aufrechterhält, dass es den demokratischen Parteien und der parlamentarischen Demokratie um das Wohlergehen des Volkes gehe. Hass und Verabscheuung gegenüber der parlamentarischen Demokratie, »den Juden« und »den Medien« sind somit politisches Programm. Abwertende Bezeichnungen wie »Pack«, »Lügner«, »Schmierfink«, »Lumpenpack«, »Strolch«, »Verbrecher«, »Irrsinn« sind die *notwendige Sprache, um dazuzugehören.* An vielen Stellen überhöht Hitler sein politisches Programm transzendent, etwa wenn er schreibt: »So glaube ich heute im Sinne des allmächtigen Schöpfers zu handeln.«[123] Ähnlich wie bei Drexler präsentiert Hitler im Gewand einer Autobiografie ein antisemitisches Hass-Manifest. Zugleich entwickelt er aber *auch* eine eigene Referenzwelt[124]: Einige Elemente sind ähnlich wie im damals üblichen Weltverständnis, vieles wurde jedoch neu eingeführt oder umdefiniert. Es handelt sich um ein universales Programm, das alle Lebensbereiche umfasst: Bildung, Jugend, Kirche, Wirtschaft, Religion und viele mehr. Dies ist der Traum im Traum (s. Abb. 3), in den die Erwachten als die vermeintliche Wirklichkeit geführt werden sollen. Eine Welt im Einklang mit der Natur, ohne Gegensätze, ohne Streiks, alle arbeiten zusammen für die eine große Sache in gegenseitiger Anerkennung, andauernde erhabene Schönheit in der Kunst. Alle erfahren so Sinnerfüllung und überindividuelle Wichtigkeit im Einsatz für die große Sache, Deutschland und das deutsche Volk, gefühlt sind alle Helden, jeder an seinem Platz, eine reine, »natürliche«, überschaubare Ordnung – aber nur innerhalb des rassisch definierten deutschen Volkes und nur in immer brutaler werdendem Hass und unmenschlicher Gewalt gegen die vermeintlichen Feinde: Juden, Kommunisten, Sinti und Roma, Freimaurer, Homosexuelle und alle, die irgendwie anders sind. Ein Albtraum.

Politisches Erwachen in der nationalsozialistischen Alltagskultur

Ähnliche Berichte finden sich auch im sogenannten Abel-Korpus. Der polnisch-amerikanische Soziologe Theodore Abel (1896–1988) lobte zusammen mit der NSDAP 1934 einen Preis für das glaubwürdigste biografische Zeugnis aus, in dem geschildert wird, warum die einreichende Person vor der Machtergreifung 1933 in die NSDAP eingetreten war. Es folgte eine

Fülle von Einsendungen, knapp 600 sind mittlerweile frei zugänglich.[125] Eine hervorragende Dokumentation und Beschreibung des gesamten Abel-Projekts einschließlich des Abdrucks der meisten Biogramme wurde von Wieland Giebel vorgelegt.[126] Hier sehen wir, dass nicht nur die Erwachensmetaphorik eine wichtige Rolle spielt, sondern auch die Gewissheit, die unbedingte Ergebenheit und die ins Religiöse gehende Verehrung für Hitler und die »Bewegung«.

Als Beispiel dafür können wir in den Bericht Nr. 244 aus dem Abel-Korpus schauen.[127] Er stammt von Käthe Eiden (geb. 1905, Eintritt in die NSDAP 1932), die in einer katholischen Kleinbauern-Familie in Hermeskeil (heute Landkreis Trier-Saarburg) aufwuchs und als ausgebildetes Hausmädchen arbeitete. Im Alter von 19 Jahren beschreibt sie, wie sie noch entschieden gegen den Nationalsozialismus und den Hitlerputsch auftritt, als ihr der Bruder die Zeitung in die Hand gibt. Doch während sie noch liest, »passiert etwas«:

> »Die Verteidigungsrede Hitlers erschütterte mich. Ich hatte den Eindruck, dass ein Mann sprach der bereit war, das Letzte einzusetzen für ein darniederliegendes Volk. Ein Mann, der eine ungeheure Sehnsucht nach Befreiung verkörperte und ihrem Drängen Ausdruck durch die Tat gab.«[128]

Zwei Jahre später, im Alter von 21 Jahren, offenbart sich ihr Bruder, er sei ohne Wissen der Eltern Nationalsozialist geworden. Er trägt eine Anstecknadel mit dem Hakenkreuz, und Käthe Eiden will wissen, was es bedeute. Ihr Bruder erklärt ihr, das Hakenkreuz »sei das alte germanische Zeichen des Sieges des Guten über das Böse«. Die Farbe Rot sei Symbol für das »Bekenntnis zum Sozialismus«, und Weiß stehe für »Ehre« und »Reinheit der Absicht«. Dies zieht sie nun endgültig in den Bann: »Von da an kam ich ohne dass ich es wollte nicht mehr los von der Idee der Bewegung.« Sie spricht dann von ihrem »Glauben, dass kein Volk untergeht, wenn es seine ihm vom Schöpfer gegebene Aufgabe erkennt, sich rassig rein zu halten und dadurch die Höhe seiner Kultur zu erreichen.«[129] Dem Ruf Gottes zu folgen, fällt der ehemaligen Zentrumschristin Käthe Eiden leicht. Für die Kritik anderer war sie hier schon nicht mehr empfänglich. Alles, was von den »Systemparteien«[130] kam, konnte nur Hetze, Lüge, Verleumdung, Unterdrückung oder Verrat sein. Mehrfach verwendet sie ausdrücklich die Erwachensmetapher, und zwar sowohl für einzelne Menschen als auch für »Deutschland«. Die Ernennung Hitlers zum Reichskanzler verfolgt die Erzählerin am Radio mit ihren Parteigenossen und verklärt dies ins Religiöse. Es sei für sie und die mit ihr Zuhörenden »eine Stunde heiligsten Erlebens« gewesen, »eine Hochzeit höchster Begeisterung.« Über allem lag »eine Magnetische Kraft« [sic!]. Es kam in den folgenden Tagen zu »Huldigungen an den Führer« und zu spontanen Konversionen sozialistisch und kommunistisch gesinnter Arbeiter zum Nationalsozialismus, wobei »Erwachte deutsche Arbeiter (...) ihre roten Fahnen« öffentlich verbrannt hätten.[131]

Auch wenn dieser Text – wie alle im Abel-Korpus – natürlich darauf abzielen, den Nationalsozialismus und auch die eigene Person gut dastehen zu lassen, also letztlich Propagandatexte sind, ergeben sich doch einige Einblicke in die Alltäglichkeit der Erwachensmetaphern und das Eintreten in den Traum-im-Traum des von Gott auserwählten »reinen Volkes«, in dem Wärme, Nähe und Verwandtschaft und das Gute, Wahre und Schöne gelebt werden, während alles »Fremde«, »Hässliche« und »Böse« mit einem Gefühl von Befreiung abgestoßen werden.

Die Erweckung eines Gruppengeistes namens »Deutschland«

Bei Käthe Eiden fällt auf, dass Erwachen ganz selbstverständlich auf Einzelpersonen und auch auf »Deutschland« angewendet wird. Nun könnte man Deutschland einfach als Menge aller Deutschen verstehen. Doch hätte man damit die Bedeutung im nationalsozialistischen Milieu nicht annähernd erfasst. Wenn ein Nationalsozialist von »Deutschland« spricht, dann ist dieses Wort aufgeladen mit nationalsozialistischer Ideologie: mit Natur und Boden, Erde, Verwurzelung und Heimat. Doch nur der Heimat des *völkisch definierten* deutschen Volkes. Und mit dieser völkischen Definition werden auch alle rassistischen Konzepte von Reinheit, der Gewalt gegen die vermeintlichen Feinde, insbesondere gegen »die Juden« importiert.

»Deutschland« und das »deutsche Volk« sind Objekte der Verehrung, denen Opfer gebracht werden müssen. Daher muss man für »Deutschland« sein Leben opfern, daher muss »Deutschland« alles untergeordnet werden. Es handelt sich um eine Art Heiligtum. Wenn nun nicht eine einzelne Person, sondern ein Land, Deutschland, »erwachen« soll, dann ist dies die Beschwörungsformel für einen Gruppengeist, einen Leviathan. »Erwacht« Deutschland, dann schreibt dieser erwachte deutsche Geist tatsächlich die Wirklichkeit nach dem nationalsozialistischen Drehbuch um und beginnt auch auf internationaler Bühne, sein (Un-)Wesen auszuleben.

Der Gruppengeist ist natürlich nicht real. Aber wenn wir uns an das Thomas-Theorem aus Kapitel 2 erinnern, dann ist die Annahme eines erwachenden Deutschlands zwar irreal, wenn jedoch viele Menschen an sein Erwachen glauben und aus innerer Überzeugung danach handeln, dann sind die Folgen real.[132]

Daher ist es für die Nationalsozialisten wichtig, den Glauben an das völkische definierte deutsche Volk und ein völkisch definiertes Deutschland zu beschwören, der völkische Gruppengeist sollte erweckt werden. »Deutschland, erwache« wurde zu einer Art allgegenwärtigem Slogan: In Militaria-Archiven kann man bis heute Anstecker aus der Zeit um 1930 erwerben, die als Motiv eine Glocke[133] mit Hakenkreuz und den Schriftzug »Deutschland, erwache« aufweisen und von der Bonner Medaillenfabrik F. Hoffstätter hergestellt wurden.[134] Die Parole findet sich in der damaligen Alltagskultur und auch in den zentralen Nazi-Liedern (*Sturmlied*: »Deutschland, erwache!«, *Heil Hitler, dir*: Deutschland erwache aus deinem bösen Traum! (...) »Wir wollen kämpfen für dein Auferstehn!«, *Volk ans Gewehr*: »Deutscher, wach auf nun und reih dich ein, wir schreiten dem Siege entgegen!«).

Der Imperativ »Erwache!« ist also eine Aufforderung an jeden Einzelnen, der zum deutschen Volk nach völkischer Definition gehört, aufzuwachen, d. h. sich zu bekennen und für das von Gott auserwählte große Ganze, nämlich deutsche Volk und Deutschland, einzutreten. So soll ein nationaler Gruppengeist erweckt werden, der mit dem Namen »Deutschland« angesprochen wird und der die gesamte nationalsozialistische Welt in sich enthält, um sie dann zu realisieren.

Politisches Erwachen in der neurechten Szene

Im rechten Spektrum von Populisten, konservativen Revolutionären, neuen Nationalsozialisten und Identitären wimmelt es nur so von Erwachensmetaphern. Insbesondere die Identitäre Bewegung und die Arbeiten von Alain de Benoist haben dafür gesorgt, dass sich zahlreiche Adaptionen finden. So wurde im Bekenntnisvideo der französischen Identitären die Filmmusik von Hans Zimmer zu Christopher Nolans Film *Inception* unterlegt. In *Inception* aus dem Jahr 2010 besteht das Setting darin, dass der Protagonist Cobb (gespielt von Leonardo DiCaprio) als sogenannter Extraktor Industriespionage betreibt, indem er eine experimentelle Traum-Technologie nutzt, um in das Unbewusstsein der Zielpersonen einzudringen und Informationen zu erhalten. Im Film wird er nun zum ersten Mal beauftragt, Ideen in das Unbewusste von Zielpersonen *einzupflanzen*, ohne dass diese es merken, ihr Handeln jedoch von diesen Ideen gesteuert wird. Diese Einpflanzung wird »Inception« genannt. Dies ist natürlich eine hervorragende Vorlage für rechte Verschwörungstheorien, die als Erwachte das eingelullte Volk erwecken wollen. Auf vielen Videos der neurechten Szene werden auch die Filme *Matrix* oder *Truman-Show* zitiert, in denen es darum geht, dass Menschen eine bestimmte Welt nur vorgegaukelt wird, bis sie daraus erwachen. Es gibt noch etliche weitere Filme, in denen die Desillusionierungsmetaphern in allen möglichen Varianten durchgespielt werden.[135] Diejenigen, die die Illusion durchschauen, sind nun auch in der Lage, den Feind zu identifizieren und das richtige, notwendige Handeln einzuleiten.

Allerdings hat sich das Bild der Feinde in der neurechten Szene verändert, und die Deutschen sind auch nicht mehr das von Gott auserwählte Volk, das von ihm die historische Aufgabe erhalten hat, die Juden als die »wahren Feinde« zu vernichten. Es sind neue Feinde am Werk, zum Teil dunkle Mächte, zum Teil auch Einzelpersonen, die als »Teil« der Verschwörung öffentlich bekannt gemacht werden. Ihr Ziel sei es, die »weiße Rasse« oder die »abendländische Kultur« oder die »europäischen Völker« zu vernichten. Die »Lösung« wird meist in Benoists völkischem Ethnopluralismus gefunden oder einer Variante davon. Im Konzept des Ethnopluralismus leben alle Menschen friedlich zusammen, solange jedes Volk in »seinem Land« lebt und sich nicht mit anderen »vermischt«. Ethnopluralismus ist daher ein versteckter Rassismus, da nur der zum Volk gehört, der dieselbe völkische Abstammung offenbaren kann. Die Zugehörigkeit wird nun nicht mehr durch den »Ariernachweis« belegt wie bei den Nationalsozialisten, sondern durch »Geschichte« und »Kultur«, die eine ähnliche Ausschließungsfunktion haben wie ein offener Rassismus (der ja nach wie vor auch noch existiert). Daher finden sich unter den rechten Ethnopluralisten auch viele »Freunde Israels«, die Juden dann und nur dann tolerieren, wenn sie in Israel leben, also »in ihrem Land bleiben«, und unterstützen auch radikale zionistische Gruppen.[136]

Neben dem Ethnopluralismus gibt es jedoch nach wie vor blanken Antisemitismus, der aber problemlos gemeinsame Sache mit prozionistischen Rechten machen kann. Wie kann dies gehen? Es geht, da alle »erkannt« haben, dass die europäischen Völker »in ihrer Existenz bedroht« sind und alle einen gemeinsamen Feind haben. Feinde sind in diesem Verständnis vor allem Menschen muslimischen Glaubens, dann alles, was im weitesten Sinn divers ist, nicht einem Ideal stereotyper Normalität und Reinheit entspricht, Linke, Schwule, Lesben, Transmenschen und auch alle, die eine diverse Gesellschaft wertschätzen.

Das Feindbild passt sich auch an die lokalen Gegebenheiten an. Während in den USA »liberal« schon als kommunistisch gilt, beginnt in der deutschen Rechten der Feind beim linksliberalen Spektrum, deren Vertreter dann auch schon gleich »Terroristen« sind.

Um den Feind zu erkennen, spielt die Biopolitik die wichtigste Rolle. Dazu gibt es zwei Auswahlkriterien: Abstammung, die im Alltag im Wesentlichen auf das Aussehen reduziert wird, und binäre Geschlechtlichkeit. Weitere Merkmale sind Sprache und Kultur. Neben dem Aussehen können anhand der Sprache sehr schnell Urteile über die Abstammung und damit die Zugehörigkeit zum völkischen Deutschland gemacht werden. Sprache und Kultur gelten als Schlüssel, mit dem das völkisch definierte Volk manipuliert und so in der Illusion gefangen gehalten wird. Die »jüdische Lügenpresse« ist zur »linken Lügenpresse« geworden. Deshalb wird der Kampf gegen die sogenannte »Politische Korrektheit« oder »Wokeness« geführt und der Opfermythos einer »Cancel Culture« aufgebaut[137]. Die dafür grundlegende Verschwörungstheorie hat der christlich motivierte Massenmörder Anders Breivik[138] geliefert. Das klingt vielleicht übertrieben, aber tatsächlich hat er die Politische Korrektheit als die Hauptwaffe des Feindes ausgemacht. Seine Erzählung funktioniert so: Die 1950er-Jahre waren ein Idyll ohne Kriminalität und von großer Ordnung und Eintracht, das *Goldene Zeitalter*. Es gab aufrechte Menschen, die dieses Idyll erhielten wie der von ihm bewunderte US-amerikanische Kommunistenjäger Joseph McCarthy (1908–1957). Doch McCarthy habe trotz seines übermenschlich großen Einsatzes versagt. Und so konnten die vor den Nazis geflüchteten Vertreter der *Frankfurter Schule* um Theodor Adorno, Max Horkheimer und Herbert Marcuse sich ein perfides System der marxistischen Herrschaftsübernahme ausdenken: Breiviks Grundannahme lautet, die Frankfurter Schule habe von Antonio Gramsci (1891–1937) die Idee der »kulturellen Hegemonie« übernommen, dass also der Marxismus nur siegen könne, wenn die breite Masse dies auch unterstützt. Dazu müssten marxistische Intellektuelle das kommunistische Programm in alltagstaugliche Sprache übersetzen und in alle kulturellen Bereiche tragen. Dies nennt Breivik dann »Kulturmarxismus«. Dieser Kulturmarxismus sei dann die Ursache dafür, dass das Idyll der Goldenen 1950er-Jahre zerstört wurde. Für Breivik ist es eine Gewissheit, dass die Menschen in Europa auf diese Weise »gehirngewaschen« wurden und die Menschen aus diesem Zustand der Verblendung erweckt werden müssen, wenn sie nicht untergehen wollen. Eine Erwachenserzählung wie aus dem Bilderbuch.

Viele Begriffe von Breivik wie »Kulturmarxisten« sind in der neurechten Szene verbreitet. Breivik verwendet über hundert Mal »replace« und »replacement« als das Ziel der »Kulturmarxisten«. Mit dem Werk des französischen Schriftstellers Renaud Camus *Der große Austausch* wurde diese Verschwörungstheorie zum Bestseller, nicht nur in der rechten Szene.[139]

Die Breivik-Formel, dass linksliberale (»rotgrüne«) Personen die Gesellschaft in Bildung und den Medien »infiltriert« hätten, findet natürlich ihr Pendant im nationalsozialistischen Hass auf die »Lügenpresse« sowie »entartete« Künstler, Musiker und Schriftsteller, die verantwortlich für das »schlafende Volk« sein sollen. Eine Variante der Behauptung von der »Lügenpresse« findet sich heute unter fast jedem rechten Social Media Post, wenn es um Politik geht.

Rechtspopulisten und Rechtsextremisten sind sich strategisch einig, wenn es darum geht, in möglichst vielen Ländern ein Erwachen zu einem völkischen Denken zu erreichen, also Menschen zu suggerieren, sie würden aus einem Traum erwachen, und sie dabei in einen neuen, völkischen Traum bringen.[140]

In dieser unbedingten Gewissheit ist man bereit, jegliche Menschlichkeit abzulegen, und tut dies mit reinem Gewissen. Breivik glaubte etwa, durch sein Massaker den Willen Gottes zu erfüllen und die »Völker Europas« zu retten. So geht er in Kapitel 3.22 seines über 1000-seitigen Manifestes *2083* auf die »einzige Methode« ein, »das Erwachen der Massen« herbeizuführen: »Terror«[141]. Hier nennt Breivik explizit den Film *Matrix* aus dem Jahr 1999 und beschreibt die Figur *Cypher*, der sein Team an den Feind, eine KI, verrät, um wieder in Ruhe in der digitalen Scheinwelt zu verschwinden. Er tut dies, um die grausame Wirklichkeit zu vergessen, die darin besteht, dass die Menschen von den Maschinen als lebende Energiequellen missbraucht werden, während ihnen suggeriert wird, sie würden ein »normales Leben« leben. Für Breivik ist Cypher das Symbol für den europäischen »Mainstream«, der aus Bequemlichkeit sein Volk verrät und es dem Untergang ausliefert.

Breivik beschreibt sich selbst als Christ, als Tempelritter, der die »Islamische Invasion« abwehrt. Dies nimmt in seinem Manifest sehr großen Raum ein. Doch konvertiert er später zu einer anderen Religion. Er bekennt: »Mein Gott ist Odin.«[142]

Welche Religion die »eigene« Religion ist, schwankte bereits zur Zeit der Herrschaft des Nationalsozialismus im 20. Jahrhundert. Christentum sowie Germanen- und Ariertum waren vertreten.

Christen sind dann gut, wenn es darum geht, die Moral aufrechtzuerhalten, für Gott und Vaterland zu kämpfen, heterosexuelle Familien zum Gebären zu bewegen und insgesamt das Ideal der eigenen Reinheit zu erhalten. Dies ist gegenwärtig in den Vereinigten Staaten zu beobachten. Ein Problem entsteht dann, wenn man eine Figur wie Donald Trump als von Gott gesandten Messias darstellen will. Diese Zuschreibung, die er gerne geschehen lässt und durch entsprechende Formulierungen unterstützt,[143] macht ja einen Teil seines Charismas aus. Er ist der personifizierte »Ausnahmezustand«[144]. Wie kann das aber bei seinem enormen »Sündenregister« funktionieren? Eine sich immunisierende Ideologie findet hier allemal einen Ausweg. So wurde von US-amerikanischen Christen flugs eine Figur in der Bibel ausgemacht, die selbst keine christlichen Werte lebte, aber von Gott als Retter (»saviour«) gesandt wurde, um den Wandel zum reinen Glauben und reinen Leben herbeizuführen. Es handelt sich um Kyrus, König von Babel, der an verschiedenen Stellen im Alten Testament behandelt wird.[145]

Das Germanentum im Nationalsozialismus eröffnet dagegen eine Wiederbelebung germanischer Götterwelt und damit einer untergegangenen polytheistischen Religion. Diese und ähnliche »nordische« Religionen werden aus christlicher Sicht als *heidnisch* eingeordnet. Daher findet man heute auch die Bezeichnungen »Heidentum« oder »Neu-Heidentum« oder auch »Paganismus« oder »Neo-Paganismus«. Vereinzelt wird dies auch als Selbst-Bezeichnung verwendet, jedoch sind die sich dahinter verbergenden Bewegungen sehr heterogen und können auch nicht mit neurechtem Denken oder rechter Esoterik gleichgesetzt werden.

Doch ist dies ein Ansatzpunkt der neurechten Szene. Bekannt wurde etwa die programmatische Schrift des bereits erwähnten Alain de Benoist *Comment peut-on être païen?*, im Deutschen übersetzt als *Heide sein*.[146] In diesem Buch soll das Christentum endgültig überwunden und eine pagane Religion als die ursprüngliche und »wahre europäische Religion« errichtet werden.

Die Verbindung von Politik und Religion funktioniert in den Vereinigten Staaten dagegen eher über die extremistischen christlich-evangelikalen Flügel, die sich dem rechtspopulistischen Umsturz geöffnet haben.

In anderen Ländern wie in Frankreich oder Deutschland ist es die rechte Esoterik, die teilweise pagane Traditionen des Nationalsozialismus fortsetzt, teilweise aber auch neue Elemente einbringt. Die Politisierung während der Corona-Pandemie hat ab 2020 neue Allianzen zwischen Politik und Religion geschaffen, neue gefährliche Liebschaften. Das hat viele aufgeschreckt, auch wegen der politischen Naivität bzw. dem vermeintlichen »Besserwissen« der spirituellen Szene, wie Matthias Pöhlmann in seiner Studie zur rechten Esoterik zeigt.[147] Auch in der neuen Sammlungsbewegung der Pandemie hat die Erwachensmetaphorik eine wichtige Rolle gespielt. Sinnformeln wie »erkennen – erwachen – verändern« (Heiko Schrang) oder »Das Große Erwachen« der QAnon-Verschwörung wurden durch Meditationen, Mantrensingen, Musik und Filme unterstützt:

> »Das Great Awakening erweist sich gleichzeitig als besonders anschlussfähig an Formen alternativer Spiritualität und Esoterik, wo die Suche nach Erleuchtung und spirituellem Erwachen eine zentrale Rolle spielt.«[148]

Die vorher beschriebenen spirituellen und esoterischen Szenen lassen sich daher nicht einfach als unpolitisch davon trennen. Umgekehrt lassen sie sich allerdings auch nicht gleich als »rechts« oder auch nur »rechtsoffen« einordnen. Wir haben in Kapitel 4 gesehen, dass viele Menschen auf dem Tolle-Retreat ihre spirituellen Wurzeln in *mehreren* Traditionen sehen wie Astrologie, Reinkarnation, Naturreligion, Heilung, Philosophie, Naturwissenschaften und Religion – eben in einer sehr großen Vielfalt.

Politik und Religion

Auch wenn es in der Geschichte immer wieder Beispiele konstruktiven Zusammenwirkens gab: Verbindungen von Religion und Politik bleiben gefährliche Liebschaften. Erwachen oder andere Erfahrungen von Absolutheit ergeben sehr schnell eine unangreifbare, fanatische Gewissheit. Der Erwachte erkennt, *dass* die Menschen, die ihm etwas bedeuten, leiden, *warum* sie leiden und *wer der Urheber* ist. So wird er zum Held und Befreier und gewinnt durch seine höhere Aufgabe seinen Lebenssinn. Die Menschen, die er als die Urheber des Leids erkannt hat, darf er nicht nur vernichten, er muss sie vernichten – im Namen des Guten.

Diese Haltung kann zu größeren gewalttätigen Exzessen führen, auch und gerade dann, wenn sich eine politische Gruppierung für friedlich hält oder sich als friedlich darstellt.

Muss die Verbindung von Religion und Politik also immer schädlich sein? Der australische Politikwissenschaftler Saul Newman schlägt in seiner Politischen Theologie vor, die Ökologie einzubeziehen.[149] Seiner Ansicht nach besteht die Gefahr, dass eine weitere Säkularisierung nur zu einer religiösen Aufladung von Technik und Wissenschaft führen würde, etwa zu einer messianischen Erwartung, dass neue Technologien uns vor dem Klimakollaps retten würden und wir dazu nur den »Erfindergeist« entfesseln müssten, eine seltsame Mischung aus Prometheus, Jesus und deutschem Ingenieur. Saul Newman setzt dagegen auf eine »profane Wiederverzauberung«. Mit Bezug auf den deutschen Theologen Jürgen Moltmann (1926–2024) meint er, dass wir uns als eingebunden in das Ökosystem der Erde wahrnehmen sollten. So könne ein Leben in wechselseitiger Abhängigkeit und Verbundenheit aller Lebensformen gelebt werden. Dies wäre aus seiner Sicht sowohl das Ende einer Politischen Theologie der Feindschaft als auch das Ende einer Theologie, bei der Gott die Welt erschafft, um sie dem Menschen zur Ausbeutung zu überlassen. Ist also die Ökologie vielleicht der Weg zu einer konstruktiven Verbindung von Politik und Religion? Dieser Frage wollen wir nun im nächsten Kapitel nachgehen.

Gaia, Naturspiritualität und Dunkelgrüne Religion

»Ich halte es mit dem Buddhismus und versuche, im Hier und Jetzt zu sein. Alles andere würde mich verrückt machen.«

Raúl Semmler, Aktivist der Klimaschutz-Gruppe Letzte Generation[150]

Ende September 2019 veranstaltete das Heidelberger Forschungsnetzwerk »Sprache und Wissen« ein Symposium zum Thema »Natur und Kultur«, bei dem es auch um das Verhältnis von Natur und Religion ging. Meine Aufgabe dort war es, eine sogenannte »Respondenz« zu halten, also den Vortrag eines Kollegen zu kommentieren. Mein Kollege Jens Koehrsen von der Universität Basel hatte mir zuvor seine Untersuchungsdaten geschickt, und ich kannte natürlich seine Publikationen dazu.[151] In seinem Vortrag berichtete er, wie er die religiöse Motivation von Menschen, die sich für Nachhaltigkeit engagieren, untersucht hatte. Er stützte sich dabei auf die Theorie der sogenannten »Dunkelgrünen Religion«.[152] In dieser Theorie wird ein weltweiter Wandel der Religiosität hin zur Naturspiritualität behauptet, was die Quelle für ein stärkeres ökologisches Engagement sei. Für seine Interviewstudie hatte er eine bestimmte norddeutsche Region ausgewählt, die für ihren ökologischen Aktivismus bekannt war. Entgegen seiner Vermutung zeigten sich die norddeutschen Aktivisten jedoch überhaupt nicht religiös, insbesondere nicht in ihrer Sprache, denn diese war eher nüchtern und sachlich. Es war kein Hauch von Religion spürbar, selbst bei denjenigen, die sich als religiös bezeichneten oder Mitglied einer Kirche waren. In meiner Respondenz konnte ich jedoch einige *Sprachhandlungen* nachweisen, die typisch für Religion sind, nämlich Verehrung und Vergegenwärtigung.[153] Viele der befragten Aktivisten drückten beispielsweise ihre Ehrfurcht vor dem »wunderbaren« Funktionieren der Natur aus. Das eigene Handeln, das sich aus dem Gefühl speist, in dieses Funktionieren unseres Planeten und der Natur spürbar eingebunden zu sein, und das sich daraus ergebende politische Engagement – das wurde als sinnvoll und erfüllend erfahren. *»Gott ist Natur«* war eine der Aussagen.

Dieses Verbundensein mit der Natur, das Bewusstsein, Teil der Natur zu sein, ist der Kern jeder Naturspiritualität. In der »Dunkelgrünen Religion« Bron Taylors reicht sie von diesen nüchternen Norddeutschen, in denen ein leiser Pantheismus glimmt, bis hin zu einer Wiederbelebung von heidnischen Konzepten von Naturgeistern, Druiden- und Wicca-Kulten, Neo-Schamanismus, Religionen indigener Kulturen und den vielfältigen Formen des Neo-Paganismus (Neu-Heidentum).

Es existiert heutzutage offenbar ein großes Bedürfnis, in Verbindung mit der Natur zu sein und diese auf irgendeine Art wieder zu verzaubern und sich verzaubern zu lassen. Die spürbare Verbindung oder die Resonanz, wie Hartmut Rosa sagen würde, hat dabei einen eigenen Erlebnischarakter.[154] *Ich engagiere mich, weil ich spüre, dass es dem großen Ganzen guttut und es richtig ist. Ich tue das, weil es mich mit Sinn erfüllt.* Das wären Sätze, die diese Haltung ausdrücken.

Nach Taylor ist die »Dunkelgrüne Religion« genannte Naturspiritualität die kommende Religion, die einmal genauso bedeutsam für die Weltgeschichte wird wie das Christentum. Kennzeichen dieser Religion sind etwa spontane Momente der Heiligkeit und der Offenbarung (Epiphanien), auch in der Mensch-Tier-Begegnung. Als prototypischer Vertreter der Dunkelgrünen Religion wird der deutsche Förster Peter Wohlleben ins Feld geführt. Im Film *Avatar – Aufbruch nach Pandora* sieht Taylor die Dunkelgrüne Religion besonders gut realisiert, da das als heilig Verehrte der ganze Mond Pandora ist, der insgesamt ein spirituelles, lebendiges Netzwerk darstellt, das als *Eywa* verehrt wird. Dieses Gefühl der Verbundenheit in einem planetaren, umspannenden Netzwerk aus Lebendigkeit und Spiritualität ist das maßgebliche Gefühl, das Bron Taylor für die neue Dunkelgrüne Religion annimmt. Diese Art der Religion bewirkt nach Taylor bei denjenigen, die diesen Glauben teilen, dass ihre Aktivitäten im Umweltschutz zunehmen, ganz so wie beim Protagonisten Jake Sully, der sich immer mehr in ein Wesen der indigenen Na'vi verwandelt und auf deren Seite gegen die terrestrischen Invasoren kämpft.[155]

Nach Taylor können Wissenschaft, Religion und Spiritualität in der Dunkelgrünen Religion in einmaliger Weise zusammenarbeiten. Als Beleg dafür nennt er die sogenannte »Gaia-Hypothese«. Sie wurden in den 1980er-Jahren von Lynn Margulis (1938–2011) und James Lovelock (1919–2022) aus der Taufe gehoben und wird seitdem weltweit diskutiert.[156] Diese Gaia-Hypothese funktioniert ganz ähnlich wie die Vorstellung, die aus den Interviews der norddeutschen Aktivisten spricht und die man folgendermaßen zusammenfassen könnte:

Die Erde oder die Natur sind ein umfassendes Ökosystem. Es handelt sich um eine übergeordnete Ganzheit, die an sich gut ist –

zumindest wenn der Mensch nicht übergriffig wird und sie nicht »unberührt« in ihrer Selbstorganisation wirken lässt. Auch sind Menschen und andere Wesen wie Tiere oder sogar auch Pflanzen grundsätzlich gleichrangig. Der Mensch wird als Teil dieses Ökosystems betrachtet, hat aber ein enormes Potenzial zum Guten wie zum Schlechten. Er kann dem großen Ganzen, der Erde, irreparablen Schaden zufügen bis hin zur Zerstörung der eigenen Lebensgrundlagen, oder er kann ihm durch kluges Handeln nützen.

Das Gaia-Modell nimmt ebenfalls an, die Erde sei ein sich selbst organisierendes System, ähnlich einem Organismus. In den 1990er-Jahren war es sehr populär, es wurde sowohl in den Naturwissenschaften[157] als auch in der damaligen New-Age-Bewegung aufgegriffen. Das Besondere an der Gaia-Hypothese besteht in ihrer Mehrdeutigkeit. Bewusst enthält sie eine naturwissenschaftliche und eine mythologische Bedeutungskomponente. Naturwissenschaftlich betrachtet, lautet die These, dass die Erde ein sich selbst organisierendes System ist, das die Bedingungen für Leben über einen langen Zeitraum konstant hält. Hier ist noch nichts von der griechischen Göttin Gaia, auch nicht von einem lebendigen Organismus enthalten, es handelt sich um reine Mechanik, um ein Ökosystem, das Ökoteilsysteme koordiniert. Nun wird dies aber mit dem Konzept einer transzendenten Figur gekoppelt, mit der Göttin Gaia aus der griechischen Mythologie. Wie in Kapitel 1 ausgeführt, werden dabei wichtige Elemente ihrer brutalen Geschichte ausgeblendet. Und so verbinden die meisten Menschen mit Gaia so etwas wie die Erdgöttin oder Mutter Erde, jedenfalls ein weibliches, mütterliches und nährendes Konzept.[158] Aus der Erde als mechanisch-chemischem, sich selbst organisierendem System wird nun zugleich eine transzendente Figur, die für ihre ›Kinder‹ – die Lebewesen auf der Erde – sorgt. Es handelt sich um eine Überblendung, bei der beide Konzepte zu einer neuen Einheit transformiert werden, der sprachlichen Formel »Gaia-Hypothese«, die nun beides enthält. Durch diese Überblendung von transzendent Mythologischem und Naturwissenschaftlichem war das Gaia-Konzept in ganz unterschiedlichen Diskursen anschlussfähig, auch für Menschen, die Religion eher kritisch oder gleichgültig gegenüberstanden, die aber ein Gefühl für die Erde besaßen und diese nun in Gefahr sahen.

In Bron Taylors »Dunkelgrüner Religion« ist Gaia ein Brückenkonzept, das Naturwissenschaft und Naturspiritualität verbindet, also eine Art Versöhnung von Wissenschaft und Religion. Gaia erscheint als das große Ganze, die Menschen zur Übernahme von Verantwortung für die Erde motiviert. Ganz so, wie Leonardo DiCaprio sagt: »Die Erde schlägt jetzt Alarm, und es ist an der Zeit, endlich aufzuwachen und zu handeln.«[159] Das heißt: Wir müssen aufwachen, denn es ist 5 vor 12, und der enorme Handlungsdruck, der dann herrscht, führt dazu, dass endlich etwas geschieht, nämlich gutes, politisch-ökologisches Handeln, das dazu beiträgt, dass die Erde wieder ins Gleichgewicht kommt. Die Erde, Gaia, wäre unsere Göttin, die in Not geraten ist, wir müssen nur erwachen, um ihr Notsignal zu hören und dann entsprechend handeln.

Sucht man jedoch Aussagen der beiden Gaia-Erfinder, die eine solche Sichtweise unterstützen, dann wird man dazu weder bei Margulis noch bei Lovelock etwas finden. Sowohl Margulis als auch Lovelock verwahrten sich nämlich stets gegen eine spirituelle Deutung Gaias. Dabei wurde der mythologische Begriff Gaia von Lovelock unter Marketinggesichtspunkten eingeführt, der die mythologische Bedeutung voll ausschöpfen sollte.[160] Ich war sehr erstaunt, wie harsch sich die beiden gegen jegliche spirituelle Deutung von Gaia verwahrten, obwohl sie den Gaia-Begriff immer wieder selbst ganzheitlich und personifizierend verwendeten. Lynn Margulis hat an einer Stelle sogar Spott für Menschen geäußert, die Verantwortung für die Erde übernehmen wollen und einen Rettungsgedanken in sich hegen:

> »Die Anmaßung der Menschen, Verantwortung für die lebende Erde zu übernehmen, erscheint mir lächerlich – es ist die Rhetorik der Machtlosen. Unser Planet sorgt für uns, nicht wir für ihn. Unser aufgeblasenes, moralisches Gebot, eine widerspenstige Erde zu zähmen oder unseren kranken Planeten zu heilen, zeigt nur unsere maßlose Fähigkeit zur Selbsttäuschung. In Wirklichkeit müssen wir uns vor uns selbst schützen.«[161]

Für Lynn Margulis wird die Erde den Menschen immer überleben, und sei es in Form extrem resistenter Bakterien. Für sie besteht daher die einzige berechtigte Motivation für den Menschen darin, sich selbst zu retten. Der Mensch ist vom Untergang bedroht, nicht die Erde.

James Lovelock ist in einem seiner letzten Bücher *Novozän* wesentlich pessimistischer, was die Zerstörungskraft des Menschen für das Leben auf dem Planeten Erde angeht:

> »Gaia konnte mit so etwas in der Vergangenheit spielend fertigwerden, aber kann sie das heute noch? Sie kämpft in den Pausen zwischen den Einschlägen bereits darum, die Homöostase – einen stabilen dynamischen Zustand – aufrechtzuerhalten. Heute könnte ein Asteroidenaufprall oder ein Vulkanausbruch große Teile des organischen Lebens auf der Erde zerstören. Die wenigen Überlebenden wären ver-

> mutlich nicht in der Lage, Gaia wiederherzustellen; unser Planet würde schnell zu heiß für Leben werden.«[162]

Das Zeitalter des Menschen, in dem er massiv in die ökologischen Systeme der Erde eingreift, das sogenannte Anthropozän[163], ist für Lovelock an sein Ende gekommen. Der Mensch hat versagt. Das Anthropozän wird aber bereits durch das nächste Zeitalter abgelöst, das »Novozän«. Lovelocks Novozän ist das Zeitalter der (anfänglich) von Menschen hergestellten, lebendigen KI-Systeme, die er etwas missverständlich »Cyborgs« nennt. Diese Cyborgs besäßen dann eine solch komplexe Intelligenz, dass Menschen für sie nur noch eine Art Haustier oder Zimmerpflanze wären und sie daher auch »Sammlungen lebender Menschen ausstellen« würden, wie wir Pflanzen und Tiere ausstellen. Daraus würde dann auch die entsprechende Herrschaftshierarchie folgen:

> Wenn sich die Cyborgs erst einmal etabliert haben, werden wir genauso wenig die Herren unserer Geschöpfe sein, wie unser vielgeliebter Hund Herr über uns ist. Vielleicht ist es die beste Option, so zu denken, wenn wir in einer neu gebildeten Cyber-Welt weiter bestehen wollen.[164]

Dies erinnert an den religionsähnlichen Transhumanismus, bei dem der Mensch allerdings mit der Technik und KI verschmilzt und nicht einfach durch sie abgelöst wird. Durch diese Mensch-Maschine-Hybridisierung sollen neue Lebensformen entstehen.[165] Verantwortlich dafür ist die Evolution. Obwohl Lovelock jegliche religiöse Deutung des Gaia-Konzepts ablehnt, vertritt er dennoch ein religiöses Konzept, in dem die Evolution alles in Bezug auf Intelligenz selektiert und daher nach dem Menschen immer komplexere Intelligenzen »erschafft«, bis am Ende ein bewusstes Universum entsteht:

> »Was die neuen Atheisten und ihre säkularen Anhänger meiner Meinung nach falsch gemacht haben, ist, dass sie das Kind der Wahrheit mit dem Badewasser des Mythos ausgeschüttet haben. In ihrer Ablehnung der Religion waren sie unfähig, deren inneren wahren Kern zu erkennen. Ich glaube, wir sind Auserwählte, aber nicht von Gott direkt oder irgendeinem individuell Handelnden auserwählt; stattdessen sind wir eine Spezies, die natürlich selektiert wurde – selektiert für die Intelligenz.«[166]

Hier finden sich nun Elemente von Religion und Wissenschaft vereint. Es gibt ein Konzept der Auserwähltheit der Menschen, und nun ist es die Evolution, die in die Rolle von Gott einspringt und die All-Weisheit verkörpert.

Aus den Zitaten von Margulis und Lovelock spricht eine spezielle Form der Selbstabwertung, ein Hass auf die eigene Spezies. Wahrscheinlich hassen viele Menschen ihre eigene Spezies. Während Lynn Margulis keine Gefahr für Gaia sieht, da der Mensch sich schlimmstenfalls lediglich selbst abschafft, hat Lovelock für den Menschen nur noch die »evolutionäre Funktion« im Sinn, eine KI zu erschaffen, bei der er sich dann nach getaner Arbeit lediglich als eine Art Haustier einordnen darf. Daher tritt er auch für den Bau möglichst vieler Atomkraftwerke ein, da die KI natürlich enorm viel Strom benötigt. Und wer das nicht einsieht, vertritt, so sagt er abschätzig, eine »Grüne Religion«[167].

Mit Bron Taylors Konzept hat dies nicht mehr viel zu tun. Als Brückenkonzept zwischen Wissenschaft und Religion war Gaia von Margulis und Lovelock offensichtlich nie gedacht. Dennoch sind Vorstellungen wie diejenigen im Gaia-Modell bei Menschen wie bei den norddeutschen Umweltaktivisten ein alltagstaugliches Denkmodell. Wir sollten sie auch weniger unter der Perspektive der Zusammenarbeit von Wissenschaft und Religion verstehen, sondern vor allem anerkennen, dass Menschen in der Lage sind, sowohl rational und auf der Basis der Vernunft zu agieren als auch einen Hauch von Pantheismus oder eine andere Form Spiritualität und Religiosität in ihrem Handeln zu integrieren.

Taylors These, dass sich aus der Vielfalt eine neue homogene Religion herausbilde, die weltgeschichtlich ähnlich bedeutsam werde wie das Christentum, können wir zu den Akten legen. Dennoch ist die Vielfalt der weltweiten religiösen Strömungen, Bewegungen und Kulte, die Bron Taylor unter dem Begriff der Dunkelgrünen Religion versammelt, beeindruckend. Sie zeigt uns, dass wir mit der Naturspiritualität rechnen müssen, aber eben nicht als einer Religion, sondern in ihrer unübersichtlichen Vielfalt, die sich stets weiter ausdifferenziert.[168]

7 Das reichhaltige Spektrum

»Traurig über diese Welt und froh, ein Teil von ihr zu sein.«

Hamed Abboud[169]

Absolutheitserfahrung und Toleranz

Menschliche Lebewesen sind immer wieder Nichtigkeits- und Absolutheitserfahrungen ausgesetzt. Diese können eine Sehnsucht auslösen, sodass sich immer wieder Menschen auf die Suche begeben, um die letztgültige Wahrheit zu erfahren. Der »Stein der Weisen« ist ein Symbol dafür. Wenn Erwachenserfahrungen gemacht werden, kann die Suche enden, weil man eine letztgültige Erkenntnis gefunden hat, auf der man eine Philosophie oder eine Religion errichten oder sich einer bestehenden anschließen kann. Eine religiöse Deutung von Absolutheitserfahrungen einschließlich ihrer Konsequenzen – wie der Dialog mit transzendenten Wesen im Gebet oder in anderen Praktiken und Ritualen – ist eine Lebensweise, die offensichtlich vielen Menschen unabhängig von Zeiten und Kulturen guttut. Dieses Resümee müssen wir jedenfalls ziehen, wenn wir die letzten Kapitel Revue passieren lassen. Religion bezieht Fantasie und die seelische Welt ein, sie verbindet menschliche Lebewesen mit ihrer Mitwelt, ihr Innenleben mit der Außenwelt, gibt Halt und

Orientierung und das Gefühl, dass das individuelle Tun Sinn in einem größeren Ganzen ergibt.

Die religiöse Deutung von Absolutheitserfahrungen wie dem Erwachen ist jedoch nicht die einzig mögliche. In Kapitel 2 haben wir bereits gesehen, dass auch Atheisten »erwachen« können, beispielsweise zu der »letzten« Wahrheit, dass die Vernunft die letztgültige Antwort darstellt, dass die Evolution die alles erklärende Ordnungskraft darstellt oder dass alles auf den Widerspruch zwischen Kapital und Arbeit zurückgeführt werden kann.

Vertreter beider Grundannahmen liefern sich nach wie vor erbitterte Kämpfe um die Vernichtung des anderen. Wir können jedoch nicht *von vornherein* sagen, ob eine atheistische Interpretation, die dann vielleicht auf Kategorien wie (Natur-)Resonanz oder Solidarität zurückgreift, in irgendeiner Weise besser ist als eine religiöse oder spirituelle Interpretation. Wir sollten das Ganze also pragmatisch bewerten und schauen, was das Ergebnis ist. Also: Wie weit reicht meine Solidarität und meine Barmherzigkeit? Bis zur Grenze meiner Gruppe oder auch darüber hinaus? Werden von mir oder in meinem Namen Respektlosigkeit, Herabsetzung und Gewalt ausgeübt oder gemordet und Gräuel verübt? Und rechtfertige ich das dann in meinem Glauben damit, dass diese Gewalt und dieses Morden *notwendig* sind, im Dienste einer höheren Sache? Dabei kann diese »höhere Sache« prinzipiell ein beliebiges Gedankenkonstrukt sein, das sogar den Titel »die Vernunft« tragen kann.

In Kapitel 5 haben wir gesehen, dass eine totale Politische Theologie, die die gegenwärtige Situation als historischen Endkampf ihrer Gruppe gegen einen Feind sieht, mit sehr großer Wahrscheinlichkeit zur *Gewalt der guten Sache*, zu einem *gottgefälligen Morden wird.* Man war erwacht aus der Illusion und merkte nicht, dass man nur in einem Traum im Traum gelandet war – einem Albtraum.

Aber auch die nicht-totalen Formen sind betroffen: Wenn ich sage: Ich bin bereit für den Dialog, dann muss ich mir die Frage stellen: Bin ich ein *Mensch mit Mission* oder ein *Mensch im Dialog*? Als Missionar bin ich bereit (und interessiert daran), meinen Glauben mit anderen zu teilen, also bereit dafür, dass andere sich für meinen Glauben öffnen. Als Mensch im Dialog bin ich auch bereit, mich *für die andere Welt* zu öffnen. Kommen nur Missionare zusammen, dann entsteht ein interreligiöses Gespräch, das der deutsche Theologe Klaus Otte einmal *Kuschel-Dialog* oder auch »Mogelpackung« genannt hat.[170] Über diesen *Kuschel-Dialog* geht es erst hinaus, wenn ich bereit bin, meine *Letztbegründung* der des anderen, auch wenn sie inhaltlich ganz anders aussieht, gleichzustellen und als gleichwertig zu akzeptieren. Das wäre die neue Gretchenfrage: Nicht »Wie hast du's mit der Religion?«, sondern etwa »Wie hast du's mit der Gleichwertigkeit verschiedener Religionen?« oder auch »Wie hast du's mit der Gleichwertigkeit von Atheismus und Religion?«. Die letzte Frage richtet sich sowohl an die atheistische als auch an die spirituelle oder religiöse Seite des Dialogs.

Wenn wir atheistische Philosophien, Religionen und generell spirituelle Konzepte als historisch und kulturell gewachsene Interpretationen von Nichtigkeits- und Absolutheitserfahrungen verstehen, dann stellen sie eher so etwas wie Sprachen für das Absolute dar. Sprache ist dabei in sehr weiter Bedeutung zu verstehen. Es geht nicht bloß um Worte, sondern um sämtliche Formen des Ausdrucks und der Vergemeinschaftung, die dann in einer einmaligen, zum Teil Jahrtausende dauernden spirituellen Tradition realisiert werden.

In Kapitel 2 wurde vorgeschlagen, auf einfache Kategorisierungen zu verzichten und zuzulassen, dass Gruppen oder Individuen sowohl transzendente als auch nicht-transzendente Konzepte und Ressourcen nutzen und nicht auf eine Punktidentität »Atheist«, »Christ«, »Muslim« etc. reduziert werden dürfen: Auch wenn sich jemand zu einer Religion bekennt, gibt es im gelebten Alltag jedoch keine »reinen« Christen, Muslime oder Atheisten. Die Idee einer totalen Säuberung stellt einen Unterwerfungsakt unter ein *Konzept von Reinheit*, dar, das andere kontrollieren.

Wenn es aber keine »reinen« Gläubigen oder Atheisten gibt, dann bedeutet das, dass wir Widersprüche in uns – oder was wir als Widerspruch erleben – gar nicht eliminieren können und ein völliges Reinwerden weder möglich noch notwendig oder gar erstrebenswert ist. In Kapitel 2 wurde die Idee des Spektrums eingebracht: Es ermöglicht uns davon auszugehen, dass jemand, der glaubt, auch in einem bestimmten Maß atheistisch oder ungläubig sein kann und dass – umgekehrt – auch Atheisten in bestimmtem Ausmaß spirituell leben können. Dadurch entstehen innere Widersprüche, die aber in einen produktiven Dialog gebracht werden können. Dabei müssen wir gar nicht versuchen, diese zu verbinden oder etwas Neues daraus zu machen etwa im Geiste einer Dialektik, sondern können sie erst einmal als Widersprüche empfinden und belassen. Und das bedeutet eben auch für einen Atheisten oder eine Atheistin, dass er oder sie bestimmte Vorstellungen von Gott haben kann (oder von was auch immer), und umgekehrt, dass der atheistische Gedanke in einem gläubigen Menschen Platz hat.[171]

Und so kommen wir am Ende auf die Dialogforschung zu sprechen, wo es ja genau darum geht, verschiedene Letztbegründungen kennenzulernen, zu akzeptieren und in ein Gespräch darüber zu kommen.[172] Nun scheint dies eine absurde Aufgabenstellung zu sein, denn definitionsgemäß bedeutet Letztbegründung, dass danach eben nichts mehr kommen kann. Wenn ich nun akzeptiere, dass andere Menschen andere Letztbegründungen haben, wäre dann nicht meine eigene Letztbegründung letztlich nicht mehr absolut und damit hinfällig?

Die eigene Letztbegründung suspendieren

Gibt es einen Ausweg aus diesem Dilemma? Die Möglichkeit unterschiedlicher Letztbegründungen entsteht dann, wenn die eigene wieder überschritten wird:[173] Sind wir religiös oder spirituell, dann sind wir irgendwann einmal in unseren Glauben bzw. seine Form, sich auszudrücken, »gesprungen«. Daher können wir prinzipiell auch wieder »herausspringen«, unsere eigene absolute Überzeugung für einen Moment außer Kraft setzen. So können wir erkennen, dass unser Ausdruck und die Form unseres Glaubens nicht für alle gleich gültig ist, sondern sich bei anderen anders ausdrücken kann. Dadurch entsteht das scheinbare Paradox von zwei oder mehr Absolutheiten. War meine Sichtweise bisher, dass wir zwar Absolutheiten besitzen, dass *meine* Absolutheit aber die einzig wahre im Gegensatz zu *deiner* ist, entsteht eine Hierarchie der Absolutheiten.

Die eigene Absolutheit auch nur für einen Moment suspendieren bedeutet, verschiedene Absolutheiten zu akzeptieren, ohne dass damit auch schon eine Unter- und Überordnung stattfindet. Dies ermöglicht eine *tiefe Toleranz*. Daher kommt es in dieser Sicht nicht darauf an, wer die bessere Religion oder Ideologie hat, sondern, was wir als gemeinsame Ethik vereinbaren: *Ethik ist wichtiger als Religion*, wie der Dalai-Lama sagt.[174]

Eine *flache Toleranz* kann entstehen, wenn ich meine Letztbegründung höher bewerte als eine andere. Ich bringe sie in ein hierarchisches Verhältnis, wobei meine Gewissheit *immer oben* ist. Dagegen macht es für die *tiefe Toleranz* letztlich keinen Unterschied, ob jemand an Gott glaubt, Allah, die Vernunft oder die Leere, denn sie *alle glauben*, sie alle bilden sich ein spezifisches Konzept des Irgendwo (oder des Nirgendwo) und sind daher auch alle gleich berechtigt oder unberechtigt.

Am Beispiel des ehemaligen Paters Willigis Jäger kann man sich dies gut verdeutlichen. Pater Willigis Jäger (1925–2020) gehörte zusammen mit Pater Hugo Makibi Enomiya-Lassalle (1898–1990) zu den Ersten, die den Zen-Buddhismus in die katholische Kirche brachten. Lassalle war sogar Beitragender auf dem Zweiten Vatikanischen Konzil im Jahr 1965. Hier erfolgte eine leichte Öffnung der katholischen Kirche, die nun auch Letztbegründungen nicht-christlicher Religionen akzeptierte.[175] Wie sich dann herausstellte, galt für Christen aber nach wie vor, dass die »christliche Identität« gewahrt bleiben müsse. Dies heißt nichts anderes, als dass die Letztbegründung des Christentums Vorrang haben muss vor allen anderen. Pater Lassalles Ansatz war deshalb immer umstritten, doch offensichtlich schützte ihn seine zweite Heimat Japan, wo er Staatsbürger geworden war, denn dort konnte man ihm seinen praktizierten Buddhismus kaum vorwerfen, ohne zugleich seine christliche Missionsarbeit zu gefährden. Pater Willigis Jäger wirkte jedoch in Süddeutschland, und das weckte das Interesse von Kardinal Josef Ratzinger, damals Leiter der vatikanischen Glaubenskongregation, also der Nachfolgeeinrichtung der römischen Inquisition. Im Alter von über siebzig Jahren wurde Pater Willigis Jäger zum Zenmeister ernannt. Damit war er zugleich in der Nachfolge Jesu als auch in der Nachfolge Buddhas anerkannt, somit spirituelle Autorität sowohl in der katholischen Kirche als auch im Zen-Buddhismus. Willigis Jäger nutzte die Mystik als Konzept und die Kontemplation als Praktik, um Absolutheitserfahrungen Raum zu geben. Seine doppelte Autorität ermöglichte es ihm, diese als christlichen oder als buddhistischen Weg zu autorisieren. So konnte er in mehreren Pfaden lehren und einer »religions- und konfessionsübergreifenden Spiritualität«[176] den Weg bereiten. Doch genau sein Ansatz, eigene religiöse Erfahrungen zu machen und auf diese zu vertrauen, war das Ärgernis für die Glaubenskongregation, da sie die Macht der christlichen Dogmen in Gefahr sah.[177] Da erwies sich die kirchliche Toleranz als flache Toleranz: Willigis Jäger erhielt Rede-, Schreib- und Auftrittsverbot und stand so vor der Entscheidung, zu schweigen oder seinen geliebten Benediktiner-Orden zu verlassen.[178] Tiefe Toleranz hieße aber genau das: verschiedene Letztbegründungen als gleichrangig zu akzeptieren.

Der Sprung aus dem Glauben

Wie wir gesehen haben, werden wir immer mit Absolutheits- und Nichtigkeitserfahrungen umzugehen haben. Die Art der Erfahrungen, die wir dabei machen, sowohl von großer Nichtigkeit als auch von Absolutheit, bedürfen eines Ausdrucks, eines Teilens und einer Gemeinschaft. Dabei spielt der Inhalt keine entscheidende Rolle, sondern viel eher die Bereitschaft, auch andere Ausdruckssysteme und Letztbegründungen zu tolerieren oder sich mit ihnen auszutauschen.

Das hieße, sich folgende Frage zu stellen: *Wärst du bereit, zumindest einen Moment aus deinem Glauben heraus- und in einen anderen hineinzuspringen?*

Denn dieser *Sprung aus dem Glauben*[179] würde eine ganz andere Art von Toleranz bewirken als die bloße Einsicht durch Vernunft, wie sie in Lessings berühmter »Ringparabel« als Lösung angesehen wird. Es geht beim »Sprung aus dem Glauben« um eine neue Kultur der Empathie.[180] Empathie nicht verstanden als bloße Gefühlsreaktion, als Mitgefühl oder Mitleid, sondern als Fähigkeit und Praktik, sich in die Welt eines anderen oder einer anderen Gruppe hineinzuversetzen und die Welt aus deren Sicht zu sehen und zu erleben.[181] Je mehr wir uns tatsächlich in die Welt von anderen hineinversetzen, desto vielfältigere Perspektiven und Letztbegründungen nehmen wir wahr. Daher könnte bewusst initiiertes Lehren von Empathie in Zukunft im Bildungssystem eine wichtige Rolle spielen. Es geht dabei um das tatsächliche Sich-Hineinfühlen in eine Person und ihre Lebenswelt, in das Eintauchen in ihren Glauben und das Sehen der Wirklichkeit mit anderen Augen. So kann es gelingen, sich selbst oder die eigene vertraute Gruppe oder auch die größere Gemeinschaft nach und nach als großes Spektrum vorzustellen, das Atheismus, Religion, spirituelle Konzepte und andere Denk- und Glaubensweisen enthält.

Der Sprung aus dem Glauben kann prinzipiell überall gelingen und getan werden, Einschränkungen kann es jedoch durch die eigene Gemeinschaft oder das politische System geben, in dem man lebt. Denn in einem autokratischen Staat ist auch ein nur kurzzeitiges Verlassen der Dogmen immer mit einer Bedrohung der eigenen Existenz verbunden. Daher kann nur dort, wo Religionsfreiheit rechtlich garantiert und gelebt wird, eine empathische Verständigung und damit eine wertschätzende politische und spirituelle Kultur gedeihen.

Die Grenzen tiefer Toleranz

Ist dieses Buch nun einfach ein Plädoyer für Toleranz für alles und jeden?

Nein, natürlich nicht. »Uneingeschränkte Toleranz führt mit Notwendigkeit zum Verschwinden der Toleranz.« So hat Karl R. Popper einmal das sogenannte »Paradox der Toleranz« auf politischer Ebene definiert.[182] Für Einzelne, beispielsweise für Heilige wie Jesus Christus oder die buddhistischen Bodhisattvas mag allumfassende Toleranz möglich sein, doch für eine Demokratie muss die Toleranz an dem Punkt aufhören, an dem sie Mittel zu ihrer eigenen Abschaffung zur Verfügung stellt und ihre eigene Auflösung erduldet. Dies sind die Grenzen der Toleranz in der Demokratie. Und gerade für die vielen neuen spirituellen Graswurzeln ist es notwendig, die freiheitliche, liberale und pluralistische Demokratie zu erhalten und mitzugestalten: Hartmut Rosa hat kürzlich vorgetragen, Demokratie brauche Religion.[183] Umgekehrt gilt dies aber ebenso: Religion braucht Demokratie. Und zwar gerade jetzt, in einer Zeit, in der der Einfluss der großen religiösen Institutionen zwar abnimmt, das Bedürfnis nach Spiritualität jedoch wächst. In den vorangegangenen Kapiteln wurde an vielen Stellen gezeigt, dass religiöses und spirituelles Leben das Grundrecht der Religionsfreiheit benötigt. Religionsfreiheit gibt es aber verfassungsmäßig verbrieft nur in freiheitlichen, pluralistischen Demokratien, die auf den Menschenrechten aufgebaut sind. Daher sollten alle, die ihre Religion und ihre Spiritualität – und auch ihren Atheismus – leben und verwirklichen wollen, sich dafür einsetzen, dass diese pluralistische Demokratie erhalten bleibt, auch wenn einzelne Gesetze vielleicht (noch) nicht passen. Das heißt nicht, dass die freiheitliche Demokratie einfach blind akzeptiert werden sollte. Das würde dem Geist der Demokratie zutiefst widersprechen. Demokratie braucht Veränderung und kann nicht einfach nur dazu aufrufen, sie zu schätzen und notfalls zu schützen. Sie muss auch neue Antworten auf neue Herausforderungen finden. Eine der großen Herausforderungen entsteht durch die Globalisierung mit ihrer grenzenlosen Verfügbarkeit an Kommunikations- und Verkehrsmitteln. Zunächst sah es danach aus, als könnte eine Art Globales Dorf entstehen mit neuen Formen der Kooperation und des Kosmopolitismus. Doch stellte sich bald heraus, dass ein Kosmopolitismus, der keine Heimat mehr kennt (außer vielleicht der Erde insgesamt) nur für sehr wenige, privilegierte Menschen lebbar ist. Während Menschen, die aus freiem Willen in der Welt umherreisten eine Weitung ihrer Welt erfahren und eine Vielfalt der Kulturen bestaunen konnten, hat die Mehrheit der Menschen diese Erweiterung der Welt ganz anders – nämlich gegenteilig – erfahren. Die großen Fluchtbewegungen haben zu einer unbeabsichtigten Zunahme des Erlebens und Erfahrens von bislang unbekannter Heterogenität und Vielfalt in religiöser, politischer und kultureller Hinsicht bei allen Beteiligten geführt. Und gerade die Demokratien, die sich für eine menschenfreundliche Öffnung entschieden haben, sind davon in viel stärkerem Maße betroffen als andere. Was fehlt, ist ein neues Modell für Vielfalt in der Demokratie. Die alten Modelle von Kosmopolitismus und Multikulturalismus passen nicht mehr. Es herrscht ein konzeptionelles Vakuum. Es fehlt ein kleineres Modell, eines auf der Ebene der Nation, das beschreibt, wie eine offene Demokratie sich als *ein* Staat, *eine* Nation verstehen kann, während sie *zugleich divers* ist. Das deutsche Volk sind eben nicht diejenigen, die die gleiche Abstammung haben, sondern alle, die die deutsche Staatsbürgerschaft haben. So steht es im Grundgesetz. Aus dem Grundgesetz erhalten wir also den Auftrag, einen funktionierenden und zugleich heterogenen Staat zu entwickeln. Dies ist die Zukunftsaufgabe. Und auf diesem Weg wird es helfen, es einmal mit Empathie und einer tiefen Toleranz zu versuchen, zumindest mit denjenigen, die wollen, dass diese offene, pluralistische Demokratie erhalten bleibt. Denn nur mit so einer offenen Haltung werden wir es schaffen, dass alle neuen Strömungen – so divers sie sind – in unserer Gesellschaft lebendig und produktiv wirken können.

Dank

Markus Dötsch danke ich herzlich für die vielen intensiven Auseinandersetzungen über jedes einzelne Kapitel dieses Buches, ebenso danke ich Christian Geulen für die ergiebige Grundsatzdiskussion über Religion und Politik. Lena Becker und Elias Schmitt danke ich für ihre kritische Durchsicht des Textes und die hilfreichen Kommentare.

Meiner Agentin Dr. Hanna Leitgeb danke ich für ihre großartige Unterstützung bei der Vorbereitung dieses Buchs. Dr. Luise Ritter, meiner Lektorin beim Kösel-Verlag, bin ich ebenfalls sehr dankbar. Sie hat mir von Anfang an das Gefühl gegeben, dass wir an einer gemeinsamen Sache arbeiten – und sie hat mir zum richtigen Zeitpunkt die richtigen Ratschläge gegeben.

Mein allergrößter Dank gilt jedoch meiner geliebten Frau Heike, die für mich die wichtigste Gesprächspartnerin beim Schreiben dieses Buchs war.

Anmerkungen

1 Dallach, Christoph/ Smechowski, Emilia: Ihr amerikanischer Traum. Die Sängerin Dolly Parton erzählt vom Weg aus der Armut zum Welterfolg. In: ZEIT Magazin 39/2023, 14.9.2023, S. 25.

2 Der Ausdruck »Säkularisierung« wird wissenschaftlich in mindestens zwei Bedeutungen verwendet: 1) »Säkularisierung« bezeichnet einmal die staatliche Enteignung kirchlicher Besitztümer und gesellschaftlich-institutioneller Aufgaben (wie die Einführung der Zivilehe) als Ergebnis der bürgerlichen Revolution. 2) Dann wird mit dem Ausdruck »Säkularisierung« auch die These vertreten, dass durch Aufklärung und Wissenschaft immer mehr religiöse Konzepte als illusionär erkannt werden und dadurch irgendwann von selbst verschwinden.

3 Viele weitere lassen sich in der vierbändigen Übersicht von Fritz Mauthner nachlesen: Mauthner, Fritz (1922): Der Atheismus und seine Geschichte im Abendlande (4 Bände). Stuttgart und Berlin: Deutsche Verlags-Anstalt.

4 Russell, Bertrand (1927): Why I Am Not a Christian, Watts & Co., for the Rationalist Press Association Limited. Übersetzung: W.-A.L. Für eine andere Übersetzung vgl. ders. (1968): Warum ich kein Christ bin. Reinbek bei Hamburg: Rowohlt.

5 Habermas, Jürgen (2001): Glauben und Wissen. Friedenspreis des deutschen Buchhandels. Laudatio: Jan Philipp Reemtsma. Frankfurt/Main: Suhrkamp; ders. (2012): Nachmetaphysisches Denken II. Aufsätze und Repliken. Berlin: Suhrkamp.

6 Entsprechende Zitate liegen als O-Ton vor: Vgl. Gross, Terry (2008): Pastor John Hagee on Christian Zionism, Katrina. In: National Public Radio: URL: www.npr.org/2008/05/16/90508742/pastor-john-hagee-on-christian-zionism-katrina (Erstsendung am 18.9. 2006). Über Hagees Haltung zu Katrina und seine messianische »Theologie« wird immer wieder berichtet. Vgl. Haag, Matthew (2018): Robert Jeffress, Pastor Who Said Jews Are Going to Hell, Led Prayer at Jerusalem Embassy. www.nytimes.com/2018/05/14/world/middleeast/robert-jeffress-embassy-jerusalem-us.html
Vgl. auch Spang, Thomas (2023): Christliche Zionisten in den USA – Schwierige Freunde für Israel. In: Evangelische Zeitung vom 7.11. 2023; URL: www.evangelische-zeitung.de/christliche-zionisten-in-den-usa-schwierige-freunde-fuer-israel
Hagees eigene Website gibt dafür ebenfalls einen guten Einblick: www.jhm.org/

7 Alle Zitate aus der Rhein-Zeitung vom 26.3.2024, S. 14.

8 Gebhardt, Winfried/Engelbrecht, Martin/Bochinger, Christoph (2005): Die Selbstermächtigung des religiösen Subjekts. Der »spirituelle Wanderer« als Idealtypus spätmoderner Religiosität. In: Zeitschrift für Religionswissenschaft (13), S. 133–152.

9 Knoblauch, Hubert (2009): Populäre Religion. Auf dem Weg in eine spirituelle Gesellschaft. Frankfurt/Main: Campus. Zum anti-institutionellen Affekt: Liebert, Wolf-Andreas (2014): Selbstermächtigung. In: Diskurszukünfte. 10. Jahrestagung des Forschungsnetzwerks »Sprache und Wissen«, Jubiläumszeitschrift S. 12–13 sowie (2015): Metaphern der Selbstermächtigung. In: Kämper, Heidrun/Warnke, Ingo (Hrg.): Diskurslinguistik – Interdisziplinär. Zugänge, Gegenstände, Perspektiven. Berlin, Boston: de Gruyter. S. 139 f.

10 Vgl. Bollacher, Martin (1969): Der junge Goethe und Spinoza. Studien zur Geschichte des Spinozismus in der Epoche des Sturms und Drangs. Berlin / New York: De Gruyter.

11 Taylor, Bron (2020): Dunkelgrüne Religion. Naturspiritualität und die Zukunft des Planeten. Paderborn: Brill, Wilhelm Fink.

12 Die Studien begannen bereits in den 1990er-Jahren, auf der Homepage von Jon Kabat-Zinn kann man die entsprechenden Fachartikel finden.

13 Farīd-ad-Dīn ʿAṭṭār (2014): Vogelgespräche und andere klassische Texte. Zusammengestellt von Annemarie Schimmel, 2. Aufl. München: Beck, S. 351.

14 Levinas, Emmanuel (2004): Wenn Gott ins Denken einfällt. Diskurse über die Betroffenheit von Transzendenz. Freiburg, München: Alber.

15 Geertz, Clifford (2012): Dichte Beschreibung. Beiträge zum Verstehen kultureller Systeme. Frankfurt/Main: Suhrkamp.

16 Plessner, Helmuth (1975): Die Stufen des Organischen und der Mensch. Einleitung in die philosophische Anthropologie. 3., unv. Berlin, New York: de Gruyter. (= Sammlung Göschen 2200).

17 Plessner (1975), ed. cit., S. 292.

18 Goethe, Johann Wolfgang von (1961): Faust. Der Tragödie erster Teil. Zürich, Stuttgart: Artemis. Goethes Werke in 10 Bänden, Band IV: Dramen. S. 45. Online im Projekt Gutenberg: www.projekt-gutenberg.org/goethe/faust1/chap005.html

19 Plessner, ed. cit., S. 342.

20 Vgl. Plessner, ed. cit., S. 345. Die Erfahrung seiner Nichtigkeit und Austauschbarkeit ist nach Plessner zugleich die Voraussetzung, um sich als Individualität und unvergleichlich betrachten zu können.

21 Ceylan, Bülent mit Herbold, Astrid (2021): Ankommen. Aber wo war ich eigentlich? Frankfurt am Main: Fischer. E-Book.

22 Lingpa, Jigme / Rinpoche, Patrul und Mahāpaṇḍita, Getse (2006): Deity, Mantra, and Wisdom. Development Stage Meditation in Tibetan Buddhist Tantra. Boulder, Colorado: Snow Lion.

23 Plessner, ed. cit., S. 346; Plessner hat dies mit wunderbaren Symbolen beschrieben: Der *Kreis* steht für den Weg, etwas Übernatürliches, Transzendentes anzunehmen, und der dadurch eine Rückkehr in die »Heimat«, in das »Zuhause« eröffnet. Das Symbol für den Atheismus und verwandte Formen, ist die gerichtete *Gerade*, die ohne Heimat und ohne Zuhause ist und uns immer weiter in die Zukunft forträgt. Wer diesen

Gedanken weiter denken will: Zu Plessners zwei Positionen kann noch eine dritte ergänzt werden, eine Position, die sich aus dem Glauben an einen bestimmten transzendenten Vorstellungskreis auch wieder lösen kann, ohne ihn damit auch schon als nichtexistent oder verwerflich zu verdammen. Als Symbol eignet sich die ›seltsame Schleife‹, das *Möbiusband*, das wie Plessners atheistischer Zukunftspfeil unendlich fortschreitet und zugleich wie Plessners Kreissymbol religiöser Heimat ewig wiederkehrt. Ein Möbiusband entsteht, wenn wir einen Papierstreifen verdreht zusammenkleben. Es wurde insbesondere durch die Arbeit *Ich bin eine seltsame Schleife* von Douglas Hofstadter bekannt (Stuttgart: Klett-Cotta, 2017). Ausführlich dazu: Liebert, Wolf-Andreas (2017): Religionslinguistik. Theoretische und methodische Grundlagen. In: Lasch, Alexander/Liebert, Wolf-Andreas (Hrg.): Handbuch Sprache und Religion, Bd. 18. Berlin, Boston: de Gruyter. S. 7–36. (= Handbücher Sprachwissen (HSW); ders. (2018): Können wir mit Engeln sprechen? Über die eigenartige (Un-)Wirklichkeit der Verständigung im Religiösen. In: Felder, Ekkehard/Gardt, Andreas (Hrg.): Wirklichkeit oder Konstruktion? Sprachtheoretische und interdisziplinäre Aspekte einer brisanten Alternative. Berlin, Boston: De Gruyter Mouton. S. 162–193. Mit Elias Schmitt können wir diese drei Positionierungen auch als Kontinuum betrachten (vgl. Schmitt, Elias (2023): Zur Kontinuität der religionslinguistischen Idealtypentriade am Beispiel des Älteste[n] Systemprogramms des deutschen Idealismus. In: Fritzsche, Maria/Roth, Kerstin/Lasch, Alexander/Liebert, Wolf-Andreas (Hgg.): Sprache und Religion – Tendenzen und Perspektiven: Berlin/Boston: De Gruyter. 2023, 9–29).

24 Juan de la Cruz (2013): Die dunkle Nacht. 11. Aufl. Freiburg im Breisgau Basel Wien: Herder. (= Sämtliche Werke / Johannes vom Kreuz. Hrsg., übers. und eingel. von Ulrich Dobhan Bd. 1).

25 Nisargadatta Maharaj (2009): Jenseits von Freiheit. Gespräche mit Sri Nisargadatta Maharaj. Lohne: Lotus Press. S. 44.

26 Vgl. z. B. *Buddha at the Gas Pump. Conversations with »Ordinary« Spiritually Awakening People*: https://batgap.com/

27 Vgl. Ulmer, Bernd (1988): Konversionserzählungen als rekonstruktive Gattung. In: Zeitschrift für Soziologie 17(1), S. 19–33.

28 Thomas, Willian Isaac/Thomas, Dorothy Swaine (1928): The Child in America. Behavior problems and programs. New York: Knopf.

29 S. Lasch, Alexander (2005): Beschreibungen des Lebens in der Zeit. Zur Kommunikation biographischer Texte in den pietistischen Gemeinschaften der Herrnhuter Brüdergemeinde und der Dresdner Diakonissenschwesternschaft im 19. Jahrhundert. Berlin, Münster, London, Wien, Zürich: LIT.

30 Blumenberg, Hans (1957/2001): Licht als Metapher der Wahrheit. Im Vorfeld der philosophischen Begriffsbildung. In: Ders., Ästhetische und metaphorologische Schriften. Frankfurt/M: Suhrkamp, S. 139–171: 139.

31 Platons Philosophie und der Buddhismus gehören zur »Achsenzeit«. Die »Achsenzeit« ist eine umstrittene These des deutsch-schweizerischen Philosophen Karl Jaspers (1883–1969). Nach Jaspers haben verschiedene außereuropäische und europäische Kulturen im Zeitraum von ca. 800 bis 200 v. Chr. eine tiefgreifende, geistige und kulturelle Transformation durchgemacht, ohne voneinander zu wissen. Die gegenwärtige Philosophie und das Denken des Menschen dreht sich seiner Meinung nach immer noch um diese »Achse« der Durchbrüche in der Zeit 800–200 v. Chr.

32 Platon (2008): Der Staat. Übersetzt und herausgegeben von Karl Vretska. Stuttgart: Reclam.

33 Traditionelle Übersetzungen finden sich nicht nur in der oben angegebenen Reclam-Ausgabe, sondern auf allen bekannten Portalen, die Texte mit abgelaufenem Copyright kostenlos zur Verfügung stellen.

34 Für Platon war der Weg zur absoluten Wahrheit ein Bildungsprozess, an dessen Ende spirituell reife Führungspersönlichkeiten standen, die »Philosophenkönige«. Doch für einen tatsächlichen Einsatz im damaligen Griechenland hielt er sie nicht für tauglich, da die »Philosophenkönige« seiner Ansicht nach unter die Räder der Sophisten (heute würde man sagen Populisten) geraten würden. Auch müssten in Platons idealem Staat autoritäre Verhältnisse herrschen, die er mit einem Bienenvolk vergleicht, und die Karl Popper zu Recht kritisiert hat. Vgl. Popper, Karl R. (2003): Die offene Gesellschaft und ihre Feinde 1. Der Zauber Platons. Tübingen: Mohr Siebeck.

35 Im Radikalen Konstruktivismus wird versucht, dies wissenschaftlich zu verarbeiten. Fischer, Hans Rudi (Hrg.) (1998): Die Wirklichkeit des Konstruktivismus. Heidelberg: Carl-Auer-Systeme. S. auch die seit 2005 bestehende internationale Online-Zeitschrift *Constructivist Foundations*: https://constructivist.info/

36 Dabei ist nur Gautama (Variante: Gotama) als Vorname sicher verbürgt.

37 Im Sanskrit bedeutet »bodhi« Erwachen und kommt in verschiedenen Sutren vor.

38 Eine genaue historische Rekonstruktion findet sich im Buch »Der historische Buddha« von Hans Wolfgang Schumann (München: Diederichs, 1999). Eine kurze, aber gute Übersicht gibt auch Alexander Berzin auf der Plattform »Study buddhism«: https://studybuddhism.com/de/tibetischer-buddhismus/spirituelle-lehrer/buddha-shakyamuni/das-leben-von-buddha-shakyamuni

39 Zur historischen Rekonstruktion vgl. Schumann (1999): ed. cit. Auch die Website von Alexander Berzin liefert hierzu viele authentische Informationen: https://studybuddhism.com/de. Als illustrierte Legende hat der Insel-Verlag im Jahr 1967 eine wunderschöne Ausgabe publiziert: Das Leben Buddhas. Ein chinesisches Holzschnittfragment. Hrg. von Martin Gimm. Leipzig: Insel (=Insel-Bücherei 870).

40 Aus dem *Mārasamyutta*, zit. nach Ernst Windisch (1895): Māra und Buddha. In: Abhandlungen der Königlich Sächsischen Gesellschaft der Wissenschaften; 36,4 Leipzig: Hirzel. S. 88. Die Schreibung wurde leicht angepasst.

41 ebd.

42 Im Buddhismus wurden in letzter Zeit eine Fülle von Erwachensgeschichten von Frauen zusammengestellt, vgl. etwa Tsültrim Allione (1986): Tibets weise Frauen. München: dianus-tricont, Auch das *Therigāthā* und das *Bhikkhunisamyutta* berichtet von vielen erleuchteten Frauen, die Teil der ersten Sangha waren (s. Windisch, ed. cit., 132 ff.). Ein neueres Buch ist von Florence Caplow und Susan Moon (Hrg.) (2016): Das verborgene Licht. 100 Geschichten erwachter Frauen aus 2500 Jahren, betrachtet von (Zen-)Frauen heute. Berlin: edition steinrich.

43 Thich Nhat Hanh (Hrg.) (2011): Das Diamantsutra. Der Diamant, der die Illusion durchschneidet. Berlin: edition steinrich. S. 46.

44 »Man denkt an mich, also bin ich«. Der Philosoph Peter Sloterdijk spricht über seine Selbsterfahrungstrips bei Bhagwan in Poona, seine langjährige Fehde mit Jürgen Habermas und seinen Plan, einen erotischen Roman zu schreiben. Interview von Sven Michaelsen in: Süddeutsche Zeitung Magazin 45/2014. URL: https://sz-magazin.sueddeutsche.de/wissen/man-denkt-an-mich-also-bin-ich-80778

45 Golowin, Sergius (1981): Hexen, Hippies, Rosenkreuzer. 500 Jahre magische Morgenlandfahrt. 2. Aufl. Hamburg: Merlin-Verlag. Duerr, Hans Peter (1985): Traumzeit. Über die Grenze zwischen Wildnis und Zivilisation. Frankfurt/Main: Suhrkamp. Castaneda, Carlos (1975): Erzählungen der Macht. Lopau und Spree: T.A.G., NACHT & SONS.

46 Jünger, Ernst (1980): Annäherungen. Drogen und Rausch. Frankfurt/M., Berlin, Wien: Ullstein.

47 Liebert, Wolf-Andreas (2022): Lost in Enlightenment. Zur sprachlichen Darstellung von Erwachenserlebnissen in spätmoderner informeller Religiosität. In: Kalckreuth, Moritz von (Hrg.): Philosophische Anthropologie und Religion. Religiöse Erfahrung, soziokulturelle Praxis und die Frage nach dem Menschen. Berlin, Boston: De Gruyter. S. 153–180.

48 Vgl. z. B. Golas, Thaddeus (1972): The Lazy Man's Guide to Enlightenment. Palo Alto: The Seed Center., als Überblick s. Renger, Almut-Barbara (2021): Populäre Erleuchtung oder: Im Wirkungsfeld von Aufklärung und buddhistischem Modernismus. Zum Wandel von Religion seit den 1960er Jahren. In: Paragrana 30(1), S. 72–102. https://doi.org/doi:10.1515/para-2021-0006.

49 Rickmann, Gregg (1985): Philip K. Dick: The Last Testament. Long Beach, CA: Fragments West/The Valentine Press.

50 Crumb, Robert (1986): The Religious Experience of Philip K. Dick. In: Weirdo (17), S. 9–16.

51 Rickmann, Gregg (1985): Philip K. Dick: The Last Testament. Long Beach, CA: Fragments West/The Valentine Press. S. 35–36. Übersetzung W.-A.L.

52 Rickmann, ed. cit., S. 35–36. Übersetzung W.-A.L.

53 Rickmann, ed. cit, S. 36. Übersetzung W.-A.L.

54 Jayakar, Pupul (2003): Krishnamurti. Ein Leben in Freiheit. Die autorisierte Biographie. 1., erg. Neuaufl. Freiburg im Breisgau: Ed. Synthese. (= Edition Synthese).

55 Ebert, Gabriele (2011): Ramana Maharshi. Sein Leben. Norderstedt.

56 Bhatt, Mahesh (1992): U.G. Krishnamurti. A Life. New Delhi: Viking by Penguin Books India.

57 Hofmann, Liane/Heise, Patrizia (Hrg.) (2017): Spiritualität und spirituelle Krisen. Handbuch zu Theorie, Forschung und Praxis. Stuttgart, Germany: Schattauer. Grof, Christina/Grof, Stanislav (1991): Die stürmische Suche nach dem Selbst. Praktische Hilfe für spirituelle Krisen. München: Kösel.

58 Erste und letzte öffentliche Rede U.G.s nach seiner Kalamität (gehalten am Indian Institute of World Culture in Bangalore, 1972): https://people.well.com/user/jct//GERMAN/Erste/Erste.htm., Hervorhebungen im Original, Übersetzung: Ulla Inayat-Khan.

59 Segal, Suzanne (2010): Kollision mit der Unendlichkeit. Ein Leben jenseits des persönlichen Selbst. Reinbek bei Hamburg: Rowohlt.

60 Remski, Matthew (2020): Survivors of an International Buddhist Cult Share Their Stories. An investigation into decades of abuse at Shambhala International. In: The Walrus (11–12/2020, updated Apr. 13, 2021). https://thewalrus.ca/survivors-of-an-international-buddhist-cult-share-their-stories/ Zu Sogyal Rinpoche vgl. Vogd, Werner (2019): Der ermächtigte Meister. Eine systemische Rekonstruktion am Beispiel des Skandals um Sogyal Rinpoche. Heidelberg: Carl Auer.

61 Es lassen sich einige Masterplots entdecken: Wir finden die Plots *Suche* und *Verwandlung*, aber auch *Rätsel*, *Entdeckung*, *Grenzerfahrung*, *Opfer* und *Rettung*. Vgl. Tobias, Ronald B. (2016): 20 Masterplots. Die Basis des Story-Building in Roman und Film. Berlin: Autorenhaus.

62 Dieses und die folgenden Zitate sind aus: Tolle, Eckhart (2011): Jetzt! Die Kraft der Gegenwart. Ein Leitfaden zum spirituellen Erwachen. Bielefeld: Kamphausen. S,15–16.

63 In: Christ und Welt 17/24, S.1.

64 Der Kamphausen-Verlag wurde mittlerweile aufgeteilt und verkauft. Die Bücher von Eckhart Tolle erscheinen nun im Penguin Random House-Verlag.

65 Tolle, Eckhart (2005): Eine neue Erde. Bewusstseinssprung anstelle von Selbstzerstörung. München: Arkana. Ebook.

66 Dieses Zitat von Tolle sowie alle weiteren entstanden, soweit nicht anders gekennzeichnet, durch Mitschrift und anschließender Überprüfung anhand des offiziellen Videos.

67 Bekannt ist etwa der Zen-Bilderzyklus von Hirt und Ochse aus dem 12. Jahrhundert, der eine visuelle Parabel der »Zähmung des Geistes« darstellt. Es handelt sich um einen wunderbaren sechsteiligen Bild-Text-Zyklus aus dem 12. Jh. von Jitoku. Der Hirte (d. h. der Zen-Novize) gewöhnt sich in den ersten drei Phasen an den Ochsen und macht sich mit ihm vertraut. Dann entsteht in Bild vier vollkommenes Vertrauen und Bild fünf besteht nur noch aus einem leeren Kreis. Das letzte Bild heißt dann »Freies Spiel« und zeigt den Hirten und Buddha. Dies würde bei Tolle der Zähmung der »Stimme im Kopf« bzw. des »Egos« entsprechen. Diese »Zähmung« durch Sammlung ist Bestandteil jeder buddhistischen Meditation, unabhängig davon, ob sie im Sitzen oder im Gehen (oder im Stehen) ausgeführt wird. Siehe Zenkei Shibayama (1974): ZEN in Gleichnis und Bild. Bern, München, Wien: O.W. Barth.

68 Gemeint ist NT, Von der Nachfolge, z. B. bei Lk 9, 23–25 (s. a. Mt 16,24–28; Mk 8,34–9,1): »Da sprach er zu allen: Wer mir folgen will, der verleugne sich selbst und nehme sein Kreuz auf sich täglich und folge mir nach. Denn wer sein Leben erhalten will, der wird es verlieren; wer aber sein Leben verliert um meinetwillen, der wird's erhalten. Denn welchen Nutzen hätte der Mensch, wenn er die ganze Welt gewönne und verlöre sich selbst oder nähme Schaden an sich selbst?« Lutherbibel 2017: www.bibelwissenschaft.de/bibel/LU17/LUK.9

69 Lutherbibel 2017, Johannes 4,11 ff.: www.bibleserver.com/LUT/Johannes4%2C11. Für diesen Hinweis danke ich Elisabeth Reiter.

70 Tolle, Eckhart (2011): Jetzt! Die Kraft der Gegenwart. Ein Leitfaden zum spirituellen Erwachen. Bielefeld: Kamphausen.

71 Paul Feyerabend war ein österreichischer Philosoph (1924–1994). Zur Astrologie vgl. sein Werk »Erkenntnis für freie Menschen« Frankfurt/Main: Suhrkamp, 1981.

72 Tolles Vortrag kann an dieser Stelle mit der Einführung einer Trance nach Milton Erickson verglichen werden, nämlich mit den grundlegenden Schritten des Pacings und Leadings. Milton Hyland Erickson (1901–1980) war ein US-amerikanischer Psychiater, der sich mit Hypnose befasste. Er benannte diese zwei wesentlichen Praktiken, um eine Hypnose herbeizuführen: Zuerst geht man ein Stück weit mit dem Patienten und seiner Vorstellungswelt mit (»Pacing«), bevor man ihn dann in die gewünschte Richtung lenkt (»Leading«). Vgl. Erickson, Milton H. (2022): Gesammelte Schriften hg. von Ernest L. Rossi. Heidelberg: Auer.

73 Martin Heidegger (1889–1976) war ein deutscher Philosoph. Zur »Ek-sistenz« äußert er sich im *Brief über den Humanismus*. Siehe Heidegger, Martin (1968): Über den Humanismus. (Brief an Jean Beaufret aus dem Jahr 1946, überarb. und zuerst publ. 1949). Frankfurt/Main: Klostermann.

74 Reitman, Ivan, Ghostbusters, Columbia Pictures, 1984, ca. Min. 14.

75 Das Emotionstagebuch enthält folgende Fragen:
1. Psychologische Dimension: Was muss ich jetzt unbedingt aufschreiben?
2. Epistemische Dimension:
2.1 Welches Gefühl beschreibt mich heute am besten? Ist dieses Gefühl an eine bestimmte Situation oder Person geknüpft?
2.2 Wer oder was hat mich heute beeindruckt oder überrascht?
2.3 Das bin ich hier im Feld (als Skizze oder Beschreibung).
3. Strategische Dimension:
3.1 Wonach sehne ich mich?
3.2 Das nehme ich mir für morgen vor.
Aus: Stodulka, Thomas (2020): Zauberformel, Scharlatanerie, Projektion? Empathie als Methode und Emotion als Erkenntnis ethnographischer Forschung. In: Jacob, Katharina/Konerding, Klaus-Peter/Liebert, Wolf-Andreas (Hrg.): Sprache und Empathie: Beiträge zur Grundlegung eines linguistischen Forschungsprogramms. Berlin, Boston: De Gruyter. S. 73–74.

76 Tolle, Eckhart (2011): Jetzt! Die Kraft der Gegenwart. Ein Leitfaden zum spirituellen Erwachen. Bielefeld: Kamphausen. S. 48.

77 Tolle, Eckhart (2005): Eine neue Erde. Bewusstseinssprung anstelle von Selbstzerstörung. München: Arkana.

78 Mit Plessner könnten wir auch sagen: Die exzentrische Positionalität entstand.

79 Vgl. Lutherbibel 2017, Off 21, 1.

80 In: Orientalische Dichtung in der Übersetzung Friedrich Rückerts, hrsg. von Annemarie Schimmel. Bremen: Schünemann, 1965. (=Sammlung Dieterich; 286), S. 56.

81 Alle Namen von Teilnehmenden des Retreats wurden geändert. Auch wurden Informationen über Teilnehmende nur in solcher Form weitergegeben, dass eine Identifikation unmöglich ist.

82 Paul, Ingwer (1990): Rituelle Kommunikation. Sprachliche Verfahren zur Konstitution ritueller Bedeutung und zur Organisation des Rituals. In: Tübingen: Narr. Auch spirituelle Autoren und Autorinnen wie Sylvia Wetzel

verwenden diese Begriffe, vgl. S. Wetzel (2019): Erwachen und Erlösung: eine Buddhistin interpretiert das Christentum. Ostfildern: Patmos Verlag.

83 Vgl. Ward, Charlotte / Voas, David (2011): The Emergence of Conspirituality. In: Journal of Contemporary Religion, 26:1, S. 103–121, DOI:10.1080/13537903.2011.539846; auch wenn das Denken Tolles anfällig für Verschwörungsdenken ist, ist es jedoch wichtig, sich zu erinnern, dass der wesentliche Teil der Verschwörungstheorien von fundamentalistischen Christen und Rechtsextremisten stammt und dass die New-Age-Spiritualität und auch die Person Eckhart Tolles eher Opfer solcher Verschwörungstheorien sind: »In einem Großteil dieses ›rechtsradikalen‹ Sektors der Verschwörungstheorie wird die New-Age-Spiritualität als eine satanische oder ›luziferische‹ Bedrohung angesehen. In jüngster Zeit gab Oprah Winfreys publizistische Zusammenarbeit mit dem spirituellen Lehrer Eckhart Tolle, der New-Age-Lehren propagiert, Anlass zur Besorgnis: Tolle's friedliche Behauptungen, dass die globale Situation aus dem kollektiven Wahnsinn des Verstandes entstanden sei, erzürnte diejenigen, die der Meinung waren, er fördere Untätigkeit angesichts des Feindes und Winfreys Unterstützung für Obama bestätigte einigen, dass alle drei Illuminati-Insider sind. Zu den schon länger bestehenden Befürchtungen gehört, dass New-Age-Channeler von Dämonen besessen sind oder dass ihnen Stimmen von staatlichen Gedankenkontrollprojekten in den Kopf gebeamt werden.« (ebd., S. 108, Übersetzung W.-A.L.).

84 Hanegraaff, Wouter J. (2023): Esoterik und Demokratie Einige Klarstellungen. Bundeszentrale für Politische Bildung: Tagungsdokumentation »Esoterik und Demokratie – Ein Spannungsverhältnis«. www.bpb.de/themen/rechtsextremismus/518297/esoterik-und-demokratie/

85 Hero, Markus (2017): 9. Postmoderne Religiosität und Spiritualität. In: Lasch, Alexander/Liebert, Wolf-Andreas (Hrg.): Sprache und Religion, Bd. 18. Berlin, Boston: De Gruyter. S. 222–237. (= Handbücher Sprachwissen (HSW) 18).

86 Despretz, Sylvain (2008): Introduction. In: Thaddeus Golas: Love and Pain, Even Lazier Publishing, Seed Center: Encino, S.xi. Meine Übersetzung.

87 Hanegraaff, Wouter J. (2023): Esoterik und Demokratie Einige Klarstellungen. Bundeszentrale für Politische Bildung: Tagungsdokumentation »Esoterik und Demokratie – Ein Spannungsverhältnis«. www.bpb.de/themen/rechtsextremismus/518297/esoterik-und-demokratie/

88 Metzinger, Thomas (2023): Bewusstseinskultur. Spiritualität, intellektuelle Redlichkeit und die planetare Krise. Berlin, München: Berlin Verlag.

89 ebd., S. 155.

90 ebd., S. 156.

91 Metzinger, Thomas (2004): Being No One. The Self-Model Theory of Subjectivity. Cambridge, Massachusetts, London, England: MIT Press. Ders. (2023a): Der Ego Tunnel. Eine neue Philosophie des Selbst: Von der Hirnforschung zur Bewusstseinsethik. 8. Auflage. München: Piper. Ders. (2023b): Der Elefant und die Blinden. Auf dem Weg zu einer Kultur der Bewusstheit. Berlin, München: Berlin Verlag.

92 Duerr, Hans Peter (1996): »Wir wollen staunen« Der Ethnologe Hans Peter Duerr über Geister und Schamanen, Nixen, Nymphen und die Sehnsucht nach einer verzauberten Welt. SPIEGEL 50, S. 224.

93 Nietzsche, Friedrich, nachgelassenes Fragment NF-1881, 11[163], Kritische Digitale Gesamtausgabe.
94 Vgl. Lutherbibel 2017, 1. Mose 6 ff.
95 Zur Kritik an den Fluchtplänen der Techno-Elite vgl. Latour, Bruno/Weibel, Peter (Hrg.) (2020): Critical Zones. The Science and Politics of Landing on Earth. Karlsruhe, Germany; Cambridge, MA; London, England: ZKM Center for Art and Media The MIT Press.
96 Lutherbibel 2017, Off 1, 1–2
97 Fritzsche, Maria (2024): Sprachlich konstruierter Extremismus. Mehrdimensionale Textanalyse von Propagandamagazinen des sogenannten Islamischen Staates. Boston, Berlin: De Gruyter. (= Linguistik – Impulse & Tendenzen 113).
98 Der Satz aus »Die Kunst des Krieges« von Sun Tzu »Erkenne dich selbst, erkenne den Feind – dann sind hundert Schlachten gleich hundert Siegen« war für Mao Tse-tung »eine wissenschaftliche Wahrheit« Hans-Jürgen Eitner (1962): Mao Tse-tungs Kriegsphilosophie. In: Aus Politik und Zeitgeschichte, B6, 62, S. 42.
99 Monty Python (1979): Das Leben des Brian. UK, Spielfilm, 94 Min.
100 Neugebauer, Gero (2010): Einfach war gestern. Zur Strukturierung der politischen Realität in einer modernen Gesellschaft. In: Bildung, Bundeszentrale für politische (Hrg.): Extremismus. Bonn: Beilage zur Wochenzeitung Das Parlament. S. 3–9.
101 Mannheim, Karl (1929): Ideologie und Utopie. Bonn: Cohen. S. 238.
102 Zu politischen Erwachenserzählungen im sogenannten Islamischen Staat vgl. Fritzsche (2024): ed. cit.
103 Drexler, Anton (1919): Mein politisches Erwachen. Aus dem Tagebuch eines deutschen sozialistischen Arbeiters. München: Deutscher Volks-Verlag.
104 Drexler, Anton (1920): Politisches Erwachen. Doppelseitige Flugschrift. Verlag der National-sozialistischen Deutschen Arbeiter-Partei, München.
105 Matthias Erzberger spielte auch in der Zeit nach dem Ersten Weltkrieg eine tragende politische Rolle und wurde 1921 von der rechtsextremistischen, terroristischen Vereinigung »Consul« ermordet.
106 Münchner Digitalisierungszentrum – Digitale Bibliothek: Friedensresolution des Deutschen Reichstags, 19. Juli 1917. In: 100(0) Schlüsseldokumente zur deutschen Geschichte im 20. Jahrhundert (www.1000dokumente.de/index.html?c=1000dokumentede&viewmode=0&l=de)
107 Drexler, Anton (1919), ed. cit., S. 9.
108 ebd, S. 11.
109 Drexler, Anton (1920), ed. cit., S. 2, im Original mit Hervorhebungen.
110 Drexler, Anton (1919), ed. cit., S. 17.
111 ebd., S. 30.
112 ebd.
113 Zitate ab hier aus Drexler (1920), ed. cit., S.1 ff. Im Original mit Hervorhebungen.
114 Vgl. Ebner, Julia (2019): Radikalisierungsmaschinen. Wie Extremisten die neuen Technologien nutzen und uns manipulieren. Berlin: Suhrkamp. (= Suhrkamp Taschenbuch 5007).
115 Alle Zitate aus Hitlers »Mein Kampf« sind der kritischen Ausgabe

entnommen: Hartmann, Christian / Vordermayer, Thomas / Plöckinger, Othmar / Töppel, Roman (Hrsg.) (2022): Hitler. Mein Kampf. Eine kritische Edition. München, Berlin: Institut für Zeitgeschichte.

116 ebd., S. 553.

117 ebd.

118 ebd., S. 555.

119 ebd.

120 ebd., S. 557.

121 ebd.

122 ebd., S. 555.

123 ebd., S. 231.

124 Zum Begriff der Referenzwelt s. Liebert, Wolf-Andreas (2023): Referenzwelten. In: Sprache und Literatur 52(2), S. 180–185. https://doi.org/10.30965/25890859-05202004

125 Theodore Fred Abel papers, 1930/1945, Theodore Fred Abel papers, Hoover Institution Library & Archives, https://digitalcollections.hoover.org/objects/58225/theodore-fred-abel-papers

126 Giebel, Wieland (2018): »Warum ich Nazi wurde«. Biogramme früher Nationalsozialisten. Die einzigartige Sammlung des Theodore Abel. 3. Aufl. Berlin: Berlin Story Verlag. Hierin findet sich auch weitere Forschungsliteratur zur Auswertung des Abel-Korpus.

127 Eiden, Ruth (1934): Theodore Fred Abel papers. Hoover Institution Library & Archives, Stanford, CA. https://digitalcollections.hoover.org/objects/58469/r-eiden, http://digitalcollections.hoover.org, 2024–01–09, 05:45

128 Eiden, Ruth (1934), ed. cit., S. 2.

129 ebd., S. 3.

130 ebd., S. 5.

131 ebd., S. 11–12.

132 Das deutsche Volk ist ein »Gespenst«, wie Max Stirner schreibt. Vgl. Stirner, Max (1845/2016): Der Einzige und sein Eigentum. Ausführlich kommentierte Studienausgabe hg. von Bernd Kast. 3. Aufl. Freiburg: Alber, S. 222.

133 Es handelt sich um eine Anspielung auf das vorhin genannte »Sturmlied«, bei dem neben der Formel »Deutschland, erwache« auch die Glocke eine wichtige Rolle spielt: Durch sie werden die Menschen aufgeweckt und herbeigerufen.

134 Derzeit muss man immerhin, je nach Anbieter, 120–300 Euro dafür bezahlen. Das Herstellen, Vorrätighalten, Einführen, Ausführen oder öffentlich Verwenden von Kennzeichen verfassungswidriger und terroristischer Organisationen ist in Deutschland nach Strafgesetzbuch Paragraf 86 und 86a zwar verboten, aber das Gesetz bietet Schlupflöcher: In Verwendung ist so ein Symbol erst, wenn es offen gesehen werden kann. Auch Händler im Internet stellen solche Anstecker daher so dar, dass das Hakenkreuz nicht zu sehen ist. Der Verkäufer macht sich so nicht strafbar.

135 Vgl. dazu Liebert, Metaphern der Desillusionierung, ed. cit.

136 Der slowenische Philosoph Slavoj Žižek hat 2023 in seiner Eröffnungsrede zur Frankfurter Buchmesse auf diesen Zusammenhang hingewiesen.

137 Der Anglizismus scheint an dieser Stelle nicht zu stören.

138 Breivik nennt sich seit 2017 Fjotolf Hansen.

139 Camus, Renaud (2011): Le Grand Remplacement. Paris: Reinharc.

140 Grundsätzlich ist davon nicht nur das völkische Denken, sondern jegliche Form des politischen Erwachens betroffen, wenn es mit alleinigem Wahrheitsanspruch auftritt.

141 Das Manifest »2083 – eine europäische Unabhängigkeitserklärung« umfasst 1515 Seiten und war lange Zeit in 15 Sprachen im Internet frei verfügbar.

142 Seierstad, Åsne (2016): Wie Anders Breivik zum Massenmörder wurde. In: Stern, 21.07.2016, Übersetzung aus dem Norwegischen: Nora Pröfrock. URL: www.stern.de/politik/ausland/anders-behring-breivik-anschlag-norwegen-jahrestag-6972868.html

143 Jüngst durch seine vordergründige Bescheidenheitsgeste: »Jemand sagte neulich zu mir: ›Sie sind mit Abstand der berühmteste Mensch der Welt.‹ Ich sagte: ›Nein, bin ich nicht.‹ Er sagte: ›Doch, das sind Sie.‹ Ich sagte: ›Nein.‹ Er fragte: ›Wer ist berühmter?‹ Ich sagte: ›Jesus Christus.‹« Aus: Thomas B. Edsall (2024): The Deification of Donald Trump Poses Some Interesting Questions. In: New York Times vom 17.1.2024, URL: www.nytimes.com/2024/01/17/opinion/trump-god-evangelicals-anointed.html, (Übersetzung von W.-A. L.).

144 Schmitt, Carl (2021): Politische Theologie. Vier Kapitel zur Lehre von der Souveränität. Elfte, korrigierte Auflage. Berlin: Duncker & Humblot. S. 13.

145 Vgl. z. B. Esra, 5, 13. S. auch Thomas B. Edsall (2024): The Deification of Donald Trump Poses Some Interesting Questions. In: New York Times vom 17.1.2024, URL: www.nytimes.com/2024/01/17/opinion/trump-god-evangelicals-anointed.html

146 Benoist, Alain de (2023): Heide sein. Die europäische Glaubensalternative. Überarbeitete u. erweiterte Neuauflage. Beltheim-Schnellbach: Lindenbaum Verlag. (Orig.: Comment peut-on être païen?, Albin Michel, 1981, réédition AVATAR éditions, 2009, deutsch zuerst 1982.). »Heidentum« heißt im Französischen »paganisme« und im Englischen »paganism«, weshalb der Begriff »Paganismus« auch im Deutschen verbreitet ist (von lat. »paganus« = heidnisch).

147 Pöhlmann, Matthias (2021): Rechte Esoterik. Wenn sich alternatives Denken und Extremismus gefährlich vermischen. Freiburg, Basel, Wien: Herder.

148 Pöhlmann, ed. cit., S. 200.

149 Newman, Saul (2019): Political Theology. A Critical Introduction. Cambridge, Medford: Polity Press. Kap. 7.

150 Raúl Semmler in: Anna Mayr und Bernd Ulrich: »Wir müssen es doch zusammen hinkriegen.« Interview im ZEIT-Magazin 8/23, S. 19.

151 Koehrsen, Jens (2015): Does religion promote environmental sustainability? – Exploring the role of religion in local energy transitions. In: Social Compass 62(3), S. 296–310. https://doi.org/10.1177/0037768615587808

152 Taylor, Bron (2020): Dunkelgrüne Religion. Naturspiritualität und die Zukunft des Planeten. Paderborn: Brill, Wilhelm Fink.

153 Lasch, Alexander (2011): Texte im Handlungsbereich der Religion. In: Habscheid, Stephan (Hrg.): Textsorten, Handlungsmuster, Oberflächen. Linguistische Typologien der Kommunikation. Berlin, Boston: de Gruyter. S. 536–555.

154 Rosa, Hartmut (2016): Resonanz. Eine Soziologie der Weltbeziehung. Berlin: Suhrkamp.

155 »Avatar – Aufbruch nach Pandora« ist ein Spielfilm von James Cameron aus dem Jahr 2009, der fast 3 Milliarden Euro eingespielt hat. 2022 erschien Avatar II (»The Way of Water«), der mit dem ersten Film kaum vergleichbar ist. Als visuelles Paradigma für eine Dunkelgrüne Religion ist er denkbar ungeeignet, denn in Avatar II werden reaktionäre Familienbilder und Army-Stereotype in blauen Na'vi-Körpern aneinandergereiht, sodass man sich einen Auftritt von Friedrich Nietzsche wünscht, der ausruft: *Eywa ist tot.*

156 Mittlerweile ist eine Diskussion ausgebrochen, ob der Beitrag von James Lovelock zur Gaia-Hypothese neu eingeordnet werden muss, da er dazu gemeinsam mit Lynn Margulis (damals als Lynn Sagan) publiziert hatte, z. B.: *Atmospheric homeostasis by and for the biosphere: the Gaia hypothesis* (erschienen in: Tellus. Stockholm: International Meteorological Institute. 26, 1–2, 1974, S. 2–10). Lynn Margulis hat James Lovelock allerdings in eindeutiger Weise als »Urheber der Gaia-Hypothese« bezeichnet, der diesen Gedanken »lange, bevor ich ihn kennenlernte« hatte (Der symbiotische Planet oder Wie die Evolution wirklich verlief, Frankfurt: Westend, 2021, S. 152).

157 Das Gaia-Modell wurde im Jahr 2019 anlässlich des 100. Geburtstags von James Lovelock ausführlich in *Nature* gewürdigt.

158 Vgl. Gerhard Fink »Who is who in der antiken Mythologie.«, 1998, dtv. Die Figur des Kronos könnte dabei eine Chiffre für den spätmodernen Kapitalismus sein, dessen einziges Interesse an Gaias Kindern, den »Früchten der Erde«, darin besteht, diese hemmungslos auszubeuten.

159 S. McCarthy, Joe (2017): »The truth is our planet's alarm is now going off, and it's time to finally wake up and take action.« In: Global citizen, »10 Quotes From Leonardo DiCaprio, Environmental Champion«. URL: www.globalcitizen.org/en/content/leonardo-dicaprio-quotes-on-climate-change-environ/

160 Wie der Begriff Gaia von James Lovelock zusammen mit dem Schriftsteller William Golding gezielt konstruiert wurden, beschreibt Margulis (vgl. Margulis, ed. cit., S.155/156).

161 Ed. cit., S. 151–152.

162 Lovelock, James mit Appleyard, Bryan (2020): Novozän. Das kommende Zeitalter der Hyperintelligenz. München: Beck. Ebook, Kap. 12.

163 Mittlerweile ist klar, dass der Begriff Anthropozän nicht als neues Erdzeitalter anerkannt wird, sondern höchstens einen Rang einnimmt, der einem großen, erdverändernden Vulkanausbruch entspricht. Wir leben also noch im Holozän. Natürlich kann der Begriff Anthropozän weiter verwendet werden, allerdings nicht im geologischen Sinne eines neuen Erdzeitalters. Vgl. Probst, Maximilian (2024): Doch kein Anthropozän! Geologen riefen das Zeitalter des Menschen aus. Nun rudern sie zurück. Hä?. In: DIE ZEIT 12/2024.

164 Lovelock/Appleyard (2020), ed. cit., Kap. 22.

165 Vgl. z. B. Kurzweil, Ray (2016): Die Intelligenz der Evolution. Wenn Mensch und Computer verschmelzen. Köln: Kiepenheuer & Witsch.

166 Lovelock/Appleyard (2020), ed. cit., Kap. 4.

167 ebd., Kap. 13.

168 Eine neuere Entwicklung ist die Vereinnahmung des Ökologiebegriffs durch eine rechte Naturspiritualität und Esoterik. So hat sich der Rechtsterrorist Brenton Tarrant bei den Anschlägen von Christchurch 2019 mehrfach als

»Öko-Faschist« bezeichnet, und in der Zeitschrift »Kehre« findet seit einiger Zeit eine Vereinnahmung des Ökologiebegriffs durch völkisches Denken statt, das ihn in ihre Blut- und Boden-Ideologie einbaut.

169 Abboud, Hamed (2020): In meinem Bart versteckte Geschichten. Aus dem Arabischen von Larissa Bender und Kerstin Wilsch. Wien: Edition Korrespondenzen. S. 37.

170 Otte, Klaus (2009): Ist der Christlich-Muslimische Dialog eine Mogelpackung? Vortrag bei den Westfalen-Gesprächen am 26.11.2009 in Dortmund, unv. Transkript.

171 Vgl. dazu die Diskussion, die Hartmut von Sass (2022) angestoßen hat: Atheistisch glauben. Ein theologischer Essay. Berlin: Matthes & Seitz Berlin. (= Fröhliche Wissenschaft; 208).

172 Liebert, Wolf-Andreas /Moskopp, Werner/ Gnosa, Tanja (Hrg.): Dialogforschung. Hermeneutische Studien nach Klaus Otte, Bd. 7. Berlin, Münster, London, Wien, Zürich: LIT. (= Existenz und Autonomie).

173 Gleiches gilt für eine non-transzendente Positionierung, die selbst wieder verneint wird.

174 Der 14. Dalai-Lama (2019): Der Appell des Dalai-Lama an die Welt. Ethik ist wichtiger als Religion. 17. Auflage. Wals bei Salzburg: Benevento.

175 Erklärung *Nostra Aetate* Über das Verhältnis der Kirche zu den nichtchristlichen Religionen. www.vatican.va/archive/hist_councils/ii_vatican_council/documents/vat-ii_decl_19651028_nostra-aetate_ge.html

176 So die Bezeichnung der Willigis-Jäger-Stiftung; zur Biografie s. die Angaben der Willigis-Jäger-Stiftung West-Östliche Weisheit: https://west-oestliche-weisheit.de/ueber-uns/biographie/

177 Es handelt sich um einen seit den Anfängen bestehenden Konflikt zwischen direkter Gotteserfahrung und Dogma, wie Simon Critchley (2012) in »Mystischer Anarchismus« (Berlin: Merwe) ausführt.

178 Am Ende wurde mit einer »Beurlaubung« aus dem Orden ein einvernehmlicher Kompromiss gefunden.

179 Die Phrase »Sprung in den Glauben« wird häufig Kierkegaard untergeschoben, nachgewiesen ist sie nicht. Allerdings verwendet Kierkegaard häufig eine Sprungmetapher, sodass diese Passage zu Recht mit Bezug auf ihn gelesen werden kann.

180 Eine Diskussion, ob wir die Sicht eines anderen ›wirklich‹ einnehmen können, wird im Anschluss an Thomas Nagel geführt (»Wie ist es, eine Fledermaus zu sein?« In: Bieri, Peter (Hrg.): Analytische Philosophie des Geistes. Weinheim, Basel: Beltz. 2007, S. 261–275.). Diese Diskussion spielt hier keine Rolle. Würden wir davon ausgehen, dass ein Hineinversetzen unmöglich wäre, und als Konsequenz auf jegliches Hineinversetzen verzichten, wäre keine menschliche Kommunikation und kein menschliches Zusammenleben möglich.

181 Jacob, Katharina/Konerding, Klaus-Peter/Liebert, Wolf-Andreas (Hrg.) (2020): Sprache und Empathie. Beiträge zur Grundlegung eines linguistischen Forschungsprogramms. Boston, New York: De Gruyter.

182 Popper, Karl R. (2003): Die offene Gesellschaft und ihre Feinde 1. Der Zauber Platons. Tübingen: Mohr Siebeck. Fn 4, S. 361.

183 Rosa, Hartmut (2022): Demokratie braucht Religion. München: Kösel.